Le Berger Hollandais

FRANÇOIS KIESGEN DE
RICHTER

ISBN-13 : 978-1541047839

ISBN-10 : 1541047834

DÉDICACES

À mes petites filles Léa et Zoé

SOMMAIRE

PRÉSENTATION

Souvent considéré comme un chien très intelligent le Berger Hollandais est aussi un grand sensible. Il ne faudra jamais l'oublier lors de son éducation qui est impérative. Il faudra le socialiser très tôt car sinon il aura une tendance à ne pas supporter ses congénères.

Affectueux, obéissant, intelligent, docile, vigilant, digne de confiance, courageux, le Berger Hollandais est peu exigeant et très résistant. Il est toujours attentif, actif et doté d'une vraie nature de chien de berger.

Il est légèrement moins réactif que le Berger Belge. Il est néanmoins très utilisé par la police et l'armée, car il est doué en saut et en course. Malgré son apparence proche du Malinois, son comportement est plus proche du Beauceron. Il est prévisible, moins conflictuel avec son maître, et est multidisciplinaire.

Il lui faut un maître qui a le temps de le faire courir et de l'éduquer. Il exige un maître doux car c'est un chien sensible surtout à la voix et aux gestes, qui doivent suffire pour le commander.

Actif et intelligent, le Berger Hollandais doit être éduqué de manière juste, sans excès. Il ne faudra pas trop le gâter et surtout pas le punir physiquement. Il a un très grand besoin d'être canalisé, de façon à lui faire intégrer assez rapidement les règles à suivre et les limites à ne pas dépasser.

Il est très pot de colle avec ses maîtres, il aura du mal à rester seul, et il pourra se montrer agressif envers les visiteurs.

Ce sera un excellent gardien, un merveilleux chien de compagnie, il saura vous attendre sagement, si vous adoptez la bonne méthode d'éducation. Sinon, vous risquez de vivre l'enfer : s'il n'est pas assez sorti, s'il n'est pas canalisé, s'il a été éduqué avec trop d'autorité. L'idéal est de lui proposer un sport canin.

Éduqué selon la méthode positive, il sera très dévoué envers ses maîtres, excellent de garde, et attentif envers les enfants.

De nature, le Berger Hollandais possède un grand sens du territoire, et il gardera non seulement ses maîtres et son terrain, mais aussi sa meute, mais encore une fois il faudra être attentif, car ses capacités latentes doivent avoir été travaillées en éducation. Sinon, très vite il pourra sur protégé son territoire et aboyer sur les passants et encore plus s'ils sont accompagnés d'un chien. De même, s'il estime de lui-même qu'il y a un danger, il interviendra et cela risque d'être très ennuyeux. Pour ces deux raisons, une éducation à la garde s'impose pour qu'il sache quoi faire et quand le faire.

Il sera heureux entouré de ses maîtres dans une maison. L'idéal pour lui est une vie en pavillon avec un jardin clôturé. Il faudra le sortir souvent et régulièrement. Je fais cinq kilomètres par jour, la moitié du temps mes sont en liberté. J'en ai la possibilité car je vis à la campagne, et que leur rappel est travaillé en permanence.

La variété la plus répandue chez les Bergers Hollandais est celle à poil long. En France c'est la variété à poil court, qui est plus répandue, toutes proportions gardées car il est peu connu, sauf en son pays.

Souvent les gens qui croisent un Berger Hollandais en

ont peur : sa robe bringée, sa corpulence et sa musculature musclée, font penser à un molosse

S'il est appelé à vivre en appartement – ce qui est à éviter - le Berger Hollandais doit impérativement être longuement promené. Le milieu de vie idéal pour ce chien est à la campagne.

Si la hiérarchie est bien établie, il admettra volontiers d'autres chiens et un chat. Pour exemple, mes quatre chiens et mon chat font bon ménage.

Certains sujets peuvent montrer plus de caractère : pour choisir votre chiot, le test de Campbell sera utile.

En synthèse, le Berger Hollandais a un tempérament dynamique, mais il est moins nerveux qu'un Groenendael ou un Malinois, ses cousins. Pour le choix d'un chien de garde, je le recommande si vous n'êtes pas un débutant, sinon prenez un Berger Allemand pour débuter.

ORIGINES DU CHIEN

Connaître l'étiologie avant d'éduquer est une démarche indispensable qui vous évitera bien des déboires.

Le chien est avant tout un animal avec des comportements issus de son parcours génétique, il a des besoins spécifiques, et en tenir compte vous permettra de mieux appréhender son éducation.

La domestication du chien est intervenue longtemps avant celle de toutes les autres espèces domestiques actuelles. Elle précède de plusieurs dizaines de milliers d'années la sédentarisation et l'apparition des premières fermes agricoles.

Les chiens sont issus du Loup gris (Canis lupus) domestiqué à plusieurs endroits du monde.

L'identité exacte de l'ancêtre du chien a longtemps été un mystère. Des scientifiques subodoraient que les chiens provenaient d'un croisement entre des loups et des chacals.

Les progrès récents ont finalement permis d'établir que le chien est plus proche génétiquement des sous-espèces actuelles de Canis lupus (Loup gris) avec lequel il partage 99,9 % de son ADN.

En 1997, une comparaison de génome sur 300 échantillons appartenant à la lignée des chiens domestiques actuels et à la lignée des Loups gris a montré, que ces lignées s'étaient séparées il y a 35 000 ans.

La découverte d'une lignée de loup aujourd'hui éteinte : le loup Taïmyra est à l'origine de la divergence entre le loup et le chien. Il y a 27 000 ans la séparation devint totale.

La relation entre humains et canidés sauvages est très ancienne. Des restes de loups ont été retrouvés en association avec ceux d'hommes il y a 400 000 ans.

Les chasseurs-cueilleurs et les loups avaient plusieurs points communs : ils appartenaient à des espèces sociables, ils partageaient le même habitat et ils se nourrissaient des mêmes proies.

Des études ont montré que les louveteaux capturés tout jeunes et élevés par des hommes s'apprivoisaient et se socialisaient facilement, d'autant plus qu'ils dépendaient de leurs maîtres pour leur alimentation.

Cela n'explique toutefois pas leur domestication, puisque ces louveteaux demeuraient des loups. Pour cela l'homme fit s'accoupler des loups domestiqués et commença à en faire l'élevage.

Ainsi naquit le Canis Lupus Familiaris, autrement dit le nom scientifique de votre chien. Et ce quelle que soit sa race.

En sélectionnant les chiens et en les croisant en fonction de leurs aptitudes et de leurs physiques : le plus petit avec le plus petit, celui court sur pattes avec son semblable, le museau le plus plat avec un autre museau plus plat, le plus rapide avec le plus rapide, le plus agile avec le plus agile, les poils longs avec les poils longs…

Il est extrêmement important de savoir que tous les ascendants de nos amis chiens ont commencé leur existence par une évolution commune même si ce fut en combinant des caractéristiques précises.

Par ailleurs, des groupes de chiens errants ont constitué des populations canines plus ou moins indépendantes de l'homme et distinctes des chiens domestiques. Ils sont toujours restés semi-sauvages. Attention par exemple en Inde ou ils pullulent. Ils ne peuvent pas retourner à la vie sauvage et ils ont donc une vie à part et représentent un danger.

Pourquoi est-ce important de comprendre le parcours génétique du chien ? Le Canis Lupus (le loup) est le Canis Lupus familiaris (le chien) ont des comportements de base identiques.

Les aspects instinctifs de nos chiens sont identiques à ceux du loup. En connaissant l'étiologie vous pourrez affiner votre méthode d'éducation canine.

Le Berger Hollandais, est apparu vers la fin du 19éme siècle au Pays Bas, il descend des Bergers Belges, auxquels il ressemble beaucoup - y compris dans la division en trois variétés de poil..

Le Berger Hollandais faisait le bonheur des bergers Néerlandais qui y trouvaient un partenaire de travail de premier choix. C'est un chien de travail polyvalent : capable de conduire les troupeaux, de les protéger, de surveiller les animaux de basse-cour, de tirer des carrioles et de monter la garde pour protéger les personnes.

À partir du début du 20e siècle, il s'est peu à peu reconverti en chien de compagnie et de garde grâce à ses nombreuses qualités.

Le premier standard de race date du 12 juin 1898. Celui actuellement en vigueur a été établi le 28 juillet 2009.

STANDARD DE RACE

Les chiens de race ont des caractéristiques mentales et de caractères, des spécificités physiques typiques et des aptitudes particulières, qui sont décrites avec précision dans un document officiel : le Standard de Race.

Le standard a été déposé à la FCI sous le N°223, le Berger Hollandais est d'origine des Pays Bas, classé en Groupe 1, c'est-à-dire les chiens de berger et de bouviers sauf les chiens de bouvier suisses, et en section 1 c'est-à-dire chez les chiens de berger avec épreuve de travail.

Il existe trois variétés : le poil court, le poil long, et le poil dur.

Le Berger Hollandais est un chien de taille et de poids moyen. Il est très musclé, puissant et bien proportionné.

Ses yeux sont sombres, de grandeur moyenne, en forme d'amande, légèrement obliques et ils ne sont jamais ronds.

Les oreilles sont petites et portées en avant.

La queue, au repos, pend droite et arrive jusqu'à la pointe du jarret. En allure, elle est portée rehaussée, elle n'est jamais portée enroulée et ne retombe jamais sur les flancs.

La variété à poil court porte une robe bien plaquée, celle à poil long a un poil droit. Le masque est noir. La taille est de 57 à 62 cm pour le mâle et 55 à 60 cm pour une femelle, pour un poids d'environ 32 kg pour le mâle et 25 pour la femelle.

Le Berger Hollandais Club de France est une association loi 1901 affiliée à la Société Centrale Canine. Sa vocation est la gestion et l'amélioration des trois races de type Hollandais qui lui ont été confiées.

Le club a élaboré des Tests de Caractère (TC) et un Test d'Aptitude au Travail (TAT) pour les Bergers Hollandais.

Le Livre des Origines Français regroupe environ 400 races de chiens homologuées par la Fédération Cynologique Internationale.

Le pedigree ou LOF peut être considéré comme le passeport du chien de race pure. On peut remonter jusqu'à 4 générations grâce à ce document. En France, c'est la Société Centrale Canine qui gère et délivre les pedigrees.

Le pedigree remplace le certificat de naissance et s'obtient après avoir présenté votre chien à l'examen de confirmation entre 12 à 15 mois, selon les races., en général à partir de 15 mois, je conseille 18 mois, voir 21 mois.

Lors de l'examen de confirmation au LOF, un juge confirmateur agréé examine la conformité morphologique de votre chien au standard de sa race et évalue son comportement, puis il vérifie son aptitude à reproduire des chiens de race et à contribuer à l'amélioration de la race. Les mâles doivent avoir deux testicules d'aspect normal complètement descendus dans le scrotum.

Il n'y a pas d'âge maximum. Il n'y a pas de limite. Si vous avez l'impression que votre chien est encore un peu juvénile, laissez passer quelques mois avant de le présenter. Vous éviterez ainsi un ajournement, que le juge peut demander, pour attendre son épanouissement.

À noter que les confirmations ouvrent un droit

d'inscription que vous devez acquitter.

À la suite de la présentation, et si le chien est confirmé, vous devrez envoyer le carnet LOF à la SCC.

Le LOF vous donne la certitude de trouver un chien dont les qualités et les attributs sont ceux de sa race.

Pour la France vous trouverez le standard de race en vous rendant sur le site du Berger Hollandais Club de France.

L'attestation de vente est obligatoire pour un chien LOF. Ce contrat, signé par le vendeur et l'acheteur, doit mentionner : la date de vente, l'identité du chien, le prix, l'adresse des vétérinaires choisis par les parties en cas de litige. Elle précise l'inscription provisoire ou définitive du chien au L. O. F.

Votre vendeur ayant inscrit provisoirement votre chien au L. O. F. recevra le certificat de naissance qu'il devra vous transmettre.

La puce électronique est obligatoire pour les chiens LOF. L'immatriculation des carnivores domestiques est exigée en France dans un certain nombre de situations : avant la cession (même gratuitement, et même entre particuliers), pour les chiens de plus de 4 mois et au-delà, pour certifier la vaccination antirabique, pour les passages transfrontaliers etc.

La puce électronique est également précieuse pour retrouver son compagnon en cas de fugue et pour établir qui est le propriétaire de l'animal.

Pour les maîtres se déplaçant à l'étranger, la puce inclut l'information nécessaire pour identifier le pays d'origine et contacter le bon fichier.

De la taille d'un grain de riz, le transpondeur ou puce électronique est un composant enrobé de verre biocompatible. Il est glissé sous la peau du chien par le vétérinaire, à l'aide d'une forte aiguille. Cet acte médical se réalise, selon le cas, avec ou sans anesthésie.

La lecture s'effectue à l'aide d'un appareil spécifique, promené sur le chien. Le numéro s'inscrit sur un écran à cristaux liquides. Cette vérification sera faite plusieurs fois durant la séance de confirmation, et à chaque fois que vous présenterez le chien chez un nouveau vétérinaire, et aussi en concours de beauté ou de sport canins.

La durabilité de l'implant est supérieure à la durée de vie de l'animal. L'information qu'il contient est infalsifiable. Le numéro attribué est unique et correspond à un seul animal, sans confusion possible. Les coordonnées du détenteur sont centralisées dans le pays d'implantation, auprès d'un organisme agréé par les autorités locales.

Lorsque le chien est déplacé de manière définitive dans un autre pays, son enregistrement doit se faire à nouveau dans le pays d'accueil.

En France, cet enregistrement s'effectue auprès d'un vétérinaire. Les déplacements courts (vacances) ne nécessitent pas une démarche spécifique.

À l'inverse, les travailleurs transfrontaliers et les voyageurs partageant leur temps entre deux pays gagnent à faire enregistrer leur animal à titre complémentaire dans le second pays fréquenté.

L'accès aux renseignements du fichier est autorisé aux seuls vétérinaires, membres des forces de l'ordre, municipalités et gestionnaires de fourrières, moyennant un code d'accès professionnel.

Placé sous la peau, le risque existe que le découvreur d'un animal errant n'ait pas l'idée de la présence d'un transpondeur électronique. Cet inconvénient peut aboutir à une adoption spontanée par un particulier (appropriation) ou au placement (illégal) auprès d'un foyer d'accueil alors que le circuit d'adoption réglementaire est légalement géré par les Sociétés de Protections Animales et assimilées. De tels placements illégaux, réalisés le plus souvent de bonne foi, peuvent aboutir à une lecture très différée de la puce électronique. Attention les trafics sont fréquents.

Certains vétérinaires ne font pas systématiquement la lecture de la puce, à chaque première présentation d'un animal dans leurs cabinets. Dans ce cas, il faut éviter ces professionnels, car ils ne font pas bien leur métier.

Lorsque la puce est identifiée fausse ou absente au détour d'une consultation, le vétérinaire doit en informer le détenteur qui a présenté l'animal à sa consultation. Il peut l'aider à retrouver le propriétaire légitime, mais sans pouvoir le rechercher lui-même de sa propre initiative.

Les fichiers des différents pays ne sont pas interconnectés. Aussi, les voyageurs se rendant régulièrement dans un même pays étranger ont-ils intérêt à enregistrer à titre complémentaire leur animal dans le fichier de ce pays.

Nous nous avons la chance en France, que n'ont pas d'autres pays européens, de pouvoir utiliser simultanément deux systèmes d'enregistrement le tatouage et la pose d'une puce électronique c'est sans aucun doute le meilleur moyen de pouvoir retrouver son animal de manière rapide. Je vous recommande de bien faire les deux, les jeunes chiots font l'objet de vols.

S'il faut choisir, le transpondeur est très largement préférable au tatouage.

Il faut faire le tatouage dès le deuxième mois, à l'occasion du premier vaccin. Le tatouage est pratiqué par un vétérinaire ou par un tatoueur agréé par le Ministère de l'Agriculture. Ce praticien est responsable de la transmission de l'information au Fichier National Canin.

La carte d'identification du chien vous est obligatoirement remise par le vendeur ou l'éleveur. Réclamez ce document pour votre chien, c'est un document précieux.

Par la suite, en cas de changement d'adresse, un don, une vente, transmettez les modifications à la S.C.C. (pour la France uniquement) en utilisant la carte T, détachable de votre carte d'identification du chien. La S.C.C vous retournera gratuitement une nouvelle carte. C'est juste un peu long.

À l'examen de confirmation si la marche à l'allure n'est pas correcte, le juge peut également vous demander de faire procéder au contrôle des hanches par radiographie et ajournera votre chien jusqu'au retour du résultat.

L'expert-confirmateur va comparer votre chien au standard de sa race : mesurer sa hauteur, s'assurer que les dents sont bien placées, que la couleur des yeux et de la robe sont dans les tons souhaités, que la construction osseuse est conforme, que les testicules sont en place pour les mâles, que le caractère est équilibré, notamment que votre chien n'est ni passif, ni agressif.

Pour cet examen le juge doit pouvoir examiner les dents. Il est donc nécessaire d'avoir éduqué votre chien. Si vous fréquentez une école du chiot les éducateurs pourront vous aider dans cette préparation.

Les accouplements intervariétés sont interdits, sauf dans des cas bien particuliers, sur dérogations accordées par les commissions d'élevage nationales compétentes (texte 1974, Société Centrale Canine fait à Paris).

Ne soyez pas inquiets. Si vous lisez ce guide, que vous achetez votre chien dans un élevage recommandé par Le Berger Hollandais Club de France, et que vous suivez mes conseils pour le choix du chiot, TOUT SE PASSERA BIEN.

Mes guides sont exhaustifs pour respecter tous les besoins et les niveaux de lecture. Ils sont réalisés avec l'expérience de professionnels canins. Je suis moi-même multipropriétaire, membre de clubs et membre du club de race. C'est ce qui fait la qualité et la recommandation dont bénéficie mon guide.

Tout ce qui concoure au bien-être du couple que vous formerez avec votre chien ou que vous formez déjà est abordé dans ce guide.

À PROPOS DU MAÎTRE

Le maître doit veiller à ce que son chien ait la place qu'il doit avoir dans la famille. C'est un chien qui bouge, qui aime jouer, donc c'est très important.

La famille devient pour le chien la représentation de la meute. Le rôle du chien dans le clan est important. C'est au maître de fixer la hiérarchie.

Sachez qu'entre douze et quatorze mois votre chien fera certainement une crise d'adolescence et voudra se mesurer à son maître. Enfin, des chiennes en période de chasse modifient le comportement des mâles, cette situation demandera de l'attention avec un chien. Je vous invite à lire le chapitre sur les moyens de contraception définitifs ou réversibles.

La majorité des problèmes de comportements canins viennent de ce que le chien n'est pas à sa place au sein de la famille qui est une représentation de la meute, mais aussi soit d'une éducation trop ferme, soit d'une éducation trop molle.

Le maître, doit apprendre à interpréter intelligemment les codes de communication du chien qui de son côté cherchera à interpréter les codes du maître, voir à les anticiper.

Si vous avez des enfants, il est indispensable qu'ils connaissent les positions d'apaisement du chien. Aussi il faudra leur expliquer les limites de l'interaction avec le chien.

Le maître qui veut un bon chien devra parfaire sa relation avec son chien et l'entretenir. Nous verrons que le chien à vocation à prendre des initiatives selon des codes bien précis.

Le maître doit toujours veiller à la qualité des professionnels qui l'accompagne. Dans un club les personnes bénévoles qui assurent l'éducation canine de l'école du chiot doivent être diplômées. Vous ne devez pas hésiter à demander quelles formations ils ont suivies et validées.

L'éducation du chiot coûte une adhésion en club environ 120 euros par an. L'éducation aux positions de fixation peut nécessiter des leçons individuelles à environ 15 euros par leçon, parfois les professionnels ou les clubs pratiquent des forfaits mensuels. L'éducation à la garde est spécifique et est plus onéreuse, environ une centaine d'euros par mois, pendant la durée de l'éducation qui varie de trois à huit mois, en fonction des attentes. Ces prix sont ceux observés au cours de l'année 2016 en région centre Val de Loire.

Il faut au minimum deux leçons semaines pour travailler les réflexes du chien. Il faut au minimum une vingtaine de leçons pour l'éducation de base. Il faut compter deux ans pour une éducation complète. L'éducation est progressive de l'âge de 8 semaines jusqu'à l'âge de 18 mois. Ensuite c'est de l'entretien et si possible un sport canin.

En club vous pourrez choisir, une activité canine si possible avec de l'activité aquatique, avec ou sans compétition, mais votre investissement devra être total.

Je définirais les qualités du maître ainsi : calme, passion, amour, rigueur.

LES SIGNES D'APAISEMENT

Les signaux d'apaisement sont les canaux utilisés par le chien pour communiquer.

Le bâillement est l'un des signaux d'apaisement les plus courants et les plus fréquemment utilisés par le chien. Le chien baille avant tout pour se calmer lui-même. Il s'agit donc plus d'un signe d'auto apaisement, voire de relaxation. Bâiller permet au chien de se détendre.

Tourner la tête légèrement de côté quand vous le fixez dans les yeux, signale que le chien ne veut pas de confrontation, car le fait fixer dans les yeux peut être interprété comme un défi par certains chiens. Le chien tournera probablement sa tête, lorsque vous serez en colère, agressif et menaçant. Si vous lui mettez de la « pression » en vous penchant au-dessus de lui pour le caresser ou si vous rendez vos sessions d'éducation trop longues ou trop difficiles, votre compagnon pourra faire un mouvement très bref avec les yeux ou la tête uniquement quand vous lui parlez, ou encore rester avec la tête tournée de côté. Attention si le chien lors d'un reproche ne prend pas cette attitude cela voudra dire qu'il vous fait face.

Se lécher les babines : Est un signal utilisé fréquemment dans des situations tendues. Il sera très souvent précédé d'un autre signal d'apaisement, tel que le bâillement, détournement de tête ou sentir le sol. Attention si le chien n'enchaîne pas c'est qu'il vous fait face.

Le reniflement de la terre : Cette attitude est souvent vue lors de la rencontre entre deux ou plusieurs chiens, ou à l'approche d'un congénère. Également dans les endroits bruyants ou encore devant des objets inconnus.

Uriner : Nous prenons souvent ce comportement comme un marquage alors que le chien tente d'apaiser quelqu'un ou de s'apaiser lui-même. Il ne faut pas le punir pour cela. Si ce comportement est associé à un détour. Le chien à peur. Le simple fait de prendre un ton plus enjoué fera cesser ce comportement.

Se gratter, se secouer : Dans une situation qui les met mal à l'aise, ou si le chien arrive dans un endroit inconnu, ou vit une situation nouvelle, vous verrez très fréquemment un chien se secouer ou se gratter. Il est très probable qu'à l'approche d'une personne inconnue ou stressante de par sa posture physique, le chien se retourne et se gratte, ou se secoue juste après le premier contact. Cela sert à son propre apaisement ou à l'apaisement des vis-à-vis. Attention si le chien n'enchaîne pas c'est qu'il va faire face.

Marcher lentement : Est un signal typique d'apaisement, le chien est mal à l'aise et cherche à vous calmer. Votre chien vient-il très lentement quand vous l'appelez ? Oui… ? Alors dépêchez-vous de changer la tonalité de votre voix. Il peut également faire cela lorsque vous l'attachez et à chaque fois que vous le rappelez. C'est une position qui indique qu'il n'aime pas quelque chose et il vous le reproche. Il n'y a aucune agressivité dans ce signal.

Se déplacer au ralenti : A pour but de calmer quelqu'un. Le chien le fait souvent en détournant le regard ou en levant la patte, avec un air mal à l'aise. L'homme interprète souvent mal cette attitude et s'énerve encore plus lorsque le chien traîne derrière lors de la marche au pied ou revient très lentement. Pourtant, plus nous allons appeler le chien de façon insistante, voire énervée ou agressive et plus il va ralentir. Il y a lieu de porter une attention toute particulière à cette attitude lors des cours d'éducation… il se peut que le chien soit fatigué et vous le montre de cette manière. Il pourra arriver vers vous en faisant un (des) détour(s).

Arriver en faisant un (des) détour(s) : Si lorsqu'il est en laisse votre chien souhaite faire un détour à l'approche de quelque chose d'inquiétant pour lui - homme/animal/objet -, mais pas forcément pour vous, laissez-le faire. Les chiens ne s'approchent jamais des étrangers de face, cela est considéré comme une menace dans leur langage. Faire des détours face à un congénère ou un humain, permet au chien de montrer qu'il n'a aucune mauvaise intention envers lui. Attention de bien lire ce code, car si le chien arrive droit cela indique que le chien souhaite l'affrontement.

S'asseoir : Si votre chien s'assied systématiquement lorsque vous lui demandez de vous obéir, il faut impérativement prendre un ton moins menaçant pour interrompre clairement l'agression, le stress ou la peur.

Se retourner : Le chien tourne le dos à l'objet ou à la personne qui le menace pour montrer qu'il n'a aucune intention agressive, et il fait de même si le comportement de son vis-à-vis le dérange ou l'inquiète. Selon la situation, il peut également le faire pour montrer son manque d'intérêt, voire son dédain face à quelqu'un. L'humain peut facilement reproduire cette attitude en se retournant lorsqu'un chien lui saute dessus, et ainsi lui montrer que cette attitude le dérange.

Se mettre sur le dos : si le chien se roule sur le dos en exposant son ventre et sa gorge et qu'il a les oreilles couchées en arrière, la tête sur le côté, les yeux à moitié fermés, le front lisse, ainsi que la queue ramenée sur le ventre, il s'agit d'une attitude de soumission absolue.

Sternum à terre - fesses en l'air : c'est une attitude de demande de jeux.

Pour avoir une communication avec leur entourage direct, les chiens ont un langage essentiellement corporel, à travers lequel ils utilisent la posture du corps entier, les oreilles, la queue, la tête, le regard et les mimiques faciales. En additionnant et en combinant les signes avec lesdites parties de leur corps, ils vont demander un contact social, faire un appel au jeu, reconnaître un supérieur hiérarchique ou encore menacer.

Malheureusement, la plupart des maîtres interprètent souvent à tort le langage corporel du chien et le comparent aux attitudes humaines.

Le fait de pouvoir décoder correctement les messages évitera les incompréhensions.

Apprendre à comprendre le langage de votre chien entraîne des sensations nouvelles et des plaisirs insoupçonnés dans votre relation avec votre chien.

Il est très important de toujours garder à l'esprit qu'il s'agit d'une interprétation de leur langage, et qu'en aucun cas, on ne peut être convaincu de l'exactitude des déductions. L'humilité et le respect sont donc de mise, avant de tirer des conclusions trop hâtives.

Enfin sachez que le chien qui n'est pas compris utilisera son dernier recours, à savoir une réaction défensive pour se protéger (morsure). N'oubliez pas l'étiologie, le chien descend du Loup.

Les signaux d'apaisement ont pour but de diminuer et de prévenir l'agressivité, le stress et la peur. Ils permettent l'installation d'une relation de confiance, de sécurité et de compréhension mutuelle entre chiens et maître.

LES POSTURES

La posture indique assez précisément l'état émotionnel et les intentions du chien.

Dans la posture de tranquillité, la queue est portée haut, les oreilles sont pointées vers l'avant, le port de tête est haut. Tous ces signes révèlent le chien bien psychologiquement.

Dans la posture de défi, la queue est raide et immobile, les poils de l'échine dorsale sont dressés, les oreilles sont tendues vers l'avant, la gueule est entrouverte laissant apparaître les crocs, et la position bien campée. Tous les signes indiquent que le chien a l'intention de vous soumettre ou soumettre son adversaire. Stoppez immédiatement le chien.

Dans la posture de menace craintive, la queue est basse, les oreilles sont couchées, la gueule est largement ouverte, tous les poils sont dressés. Le chien menace mais sans assurance, tous les signes indiquent la peur. Quand un chien menace de cette sorte il va assurément mordre.

Dans la posture de menace assurée, la queue est portée haut et agitée, les oreilles sont vers l'avant, le regard est fixe, autant de signes qui révèlent une tentative de domination sur un rival ou sur vous.

Dans la posture de complète soumission, la tête est basse, les oreilles sont légèrement couchées, la queue est baissée.

CHOISIR SON CHIOT

Je vais d'abord, parlez de vous, futur maître, avant de vous livrer un lot de conseils sur le choix de votre Berger Hollandais La petite boule de poils, c'est tout beau, tout mignon. Êtes-vous sûrs de votre choix ?

Un chien c'est pour 12 à 14 ans de vie commune avec un compagnon.

Êtes-vous joueurs — pas de poker ou de roulette russe — mais de balle, ou de Frisbee. Le jeu est le secret pour établir une connivence avec votre chien. Si vous associez le jeu et la récompense alors ce sera gagné. Mais attention, l'usage de la récompense est un art. L'objectif n'est pas d'avoir un chien dépendant à la croquette.

Je vais faire des grincheux, mais un chien ne s'achète pas en animalerie, et surtout pas chez un particulier non déclaré comme éleveur et qui aurait de magnifiques chiots sans LOF. L'élevage est depuis janvier 2016 réglementé. C'est une affaire de professionnels.

Nous allons tordre le cou une fois de plus à une idée reçue. Un chien dominant cela n'existe pas. Le chien réagit à un phénomène de meute, il ne sera jamais dominant ou soumis, il évoluera dans une palette de comportements en fonction du contexte et de son caractère. Par contre un chien peut avoir plus ou moins de caractère, être plus ou moins craintif ou insociable. Un test vous aidera à comprendre le caractère du chiot, et l'éducation jouera alors pleinement son rôle.

Un chien garde doit avoir du caractère, avoir une tendance à l'autonomie, voire à l'indépendance.

Vous devez visiter le site du club de la race. S'il y a une portée elle est annoncée sur le site. Et seul les élevages sérieux qui se conforment à l'orientation du club de race, sont référencés. Une fois repéré la portée, il faudra sur le site du club regarder la cotation des chiens reproducteurs de l'élevage, mais aussi les cotations en général des chiens de l'élevage. Je vous conseille vivement de contacter le club de race.

Vous devrez visiter l'élevage, il ne faudra pas décider avant, et surtout pas par téléphone. Vous prendrez rendez-vous pour une visite.

Lors de la première visite de l'élevage, faites confiance à votre instinct, soyez observateurs, questionnez l'éleveur. Avec ce livre vous saurez déjà beaucoup de choses. Vous allez vivre de dix à quatorze ans, avec votre compagnon. Voyons, c'est sérieux.

C'est très intime. Vos enfants joueront avec votre chien. C'est essentiel que votre chien soit sociable. Attention, avec un enfant ne perdez jamais le chien de vue. Quelle que soit la race du chien cette règle est essentielle.

Pour choisir votre chiot il y a le test comportemental élaboré par le psychologue William Campbell à la fin des années soixante, qui a été créé pour prévoir les tendances comportementales des chiots soumis aux ordres et à la domination (physique et sociale) de l'homme.

Son but est d'aider un acquéreur potentiel à choisir, à l'intérieur d'une portée, le sujet le plus adapté au milieu et à la famille dans lesquels il est appelé à vivre.

Le test de Campbell est très utile si l'on n'attend pas d'autres résultats que ceux prévus à l'origine par ce test : ce n'est ni un test d'intelligence ni un test d'aptitude, et l'on ne peut donc pas considérer qu'il va nous fournir des indications allant dans ce sens.

Dans quelques cas seulement, avec des races au caractère très particulier – comme le Chow-Chow –, le test de Campbell ne donne pas de résultats fiables.

Le test se fait entre quarante à cinquante jours, il dure une demi-heure. Dans un lieu isolé, tranquille, n'offrant aucune distraction, et clos. Il doit y avoir une entrée parfaitement identifiable. Il est indispensable que ce lieu, situé à l'extérieur ou à l'intérieur, soit absolument inconnu du chiot.

Le futur propriétaire du chiot doit demander à exécuter le test lui-même. Le test permet de mesurer le futur lien chien - maître.

Si l'éleveur vous dit qu'il a déjà soumis la portée au test, demandez-lui gentiment l'autorisation de le refaire vous-même. S'il refuse, à vous de juger l'éleveur. Sûrement sa notoriété est surfaite. Méfiez-vous des éleveurs qui refusent, ce n'est pas eux qui payent les pots cassés surtout avec un Berger Hollandais.

Vous prenez vous-même le chiot que vous envisagez et vous le conduisez dans une zone choisie pour le test. Cette zone est évidemment convenue avec l'éleveur.

Vous ne devez pas parler au chiot, ni l'encourager, ni le caresser. Si le chiot fait ses besoins pendant le test, ignorez la chose et ne nettoyez l'endroit que quand le chiot sera parti.

Attraction sociale : Posez délicatement le chiot au centre de la zone de test et éloignez-vous de quelques mètres dans la direction opposée à celle de l'entrée. Accroupissez-vous ou asseyez-vous en tailleur et tapez doucement dans vos mains pour attirer le chiot, il doit vous rejoindre.

Aptitude à suivre : Partez d'un point situé à proximité du chiot et, éloignez-vous du chiot en marchant normalement. Le chiot doit vous suivre tout de suite.

Réponse à la contrainte : Accroupissez-vous, retournez

délicatement le chiot sur le dos et maintenez-le dans cette position pendant 30 secondes environ en laissant votre main sur sa poitrine. Le chien se rebelle puis se calme et vous lèche.

Dominance sociale : Baissez-vous et caressez doucement le chiot en partant de la tête et en continuant par le cou et le dos. Le chiot se retourne et vous lèche les mains.

Dominance par élévation : Prenez le chiot sous le ventre en croisant vos doigts, les paumes des mains vers le haut. Soulevez-le légèrement du sol et maintenez-le ainsi pendant 30 secondes environ. Le chiot se rebelle puis se calme et vous lèche les mains.

Le test complet est modulable, en fonction des réponses, je vous ai donné les meilleures réponses du chiot.

Certains chiots ont tendance à réagir d'une façon agressive et pourraient même mordre. Ils ne conviennent pas à une famille avec des enfants ou des personnes âgées, car ils ont trop de caractère et sont à réserver à un maître averti qui veut faire de l'activité canine.

Certains chiots ont tendance à se faire valoir, sans toutefois atteindre des excès. Ils ne sont pas recommandés dans les familles où vivent déjà des enfants en bas âge ou d'autres chiens du même sexe.

Certains chiots, sont extrêmement soumis, et devront recevoir beaucoup de douceur et de gratifications pour avoir confiance en eux et parvenir à s'adapter le mieux possible au milieu humain. Ils cohabiteront difficilement avec des enfants.

À vous de situer le chiot en fonction du test. Le chiot a répondu comme je vous l'ai indiqué, il est complètement équilibré et pourra s'adapter partout, même s'il y a des enfants ou des personnes âgées. Il a un degré élevé de docilité.

Comprenez que nous n'appréhendons pas la dominance qui est un facteur lié à la meute, mais bien la docilité et donc la facilité d'éducation.

Maintenant vous pouvez réserver votre bébé chiot. Vous poserez une option ferme et vous donnerez un acompte.

Une femelle ou un mâle. Un mâle ou une femelle ? C'est au choix. Considérez qu'un mâle à plus de caractère est inexact, chaque chien est influencé par ses gènes et son environnement. Les gènes sont connus si vous prenez une lignée avec un LOF, et que vous avez pris le temps d'observer les parents et les frères et sœurs. Ce sera à vous de créer l'environnement adéquat.

Vous viendrez voir l'évolution de la portée lors d'une deuxième visite dès que les chiots auront soixante jours. Vous pourrez vérifier que le chiot choisi est toujours équilibré, simplement en faisant quelques jeux. Soulevez-le, appelez-le, grattez-le, tous vos gestes seront d'abord un peu refusés, puis acceptés. S'il y a un problème là, alors entre les deux visites l'éleveur a rencontré une difficulté.

LES JEUX

Le principe du jeu avec le chien, c'est que tout le monde gagne, et le maître ne perd jamais c'est une règle absolue.

Tout ce qui compte c'est d'utiliser le jeu pour faire apprendre. Un comportement récompensé a tendance à se répéter et un comportement réprimandé par « **NON** » à tendance à décroître avec le temps et parfois disparaître.

Le renforcement positif est la base de l'apprentissage par le jeu. Gagner et perdre renforce votre obstination alors vous persistez et vous vous améliorez, et un jour vous devenez un champion.

Seulement, il faut gagner de temps en temps, sinon vous serez frustrés et vous abandonnerez. Soit on fera semblant de vous laisser gagner, soit on vous proposera des niveaux de jeu à votre portée, et ainsi la motivation suivra.

Les jeux de traction sont anodins est dérivé de la dispute pour un morceau de proie. C'est un jeu que le chien adore. C'est un jeu qui renforce le mordant, l'intensité de la prise en gueule. Si le chien essaye de vous mordre, le jeu de traction est immédiatement stoppé.

Les jeux de rapports d'objets sont fortement conseillés

pour les Bergers Hollandais, car ils renforcent l'écoute et l'obéissance. Vous lancez une balle. Le chien doit courir vers l'endroit où la balle est tombée. Ensuite vous lui apprendrez à rapporter la balle, puis à vous la donner et à aller la rechercher si vous la lancez à nouveau. Attention dès que votre chien s'énerve ou se prend au jeu, stoppez immédiatement.

Le jeu de la balle jaune et de la balle rouge. Vous prenez une balle jaune, et une balle rouge. Vous insérez une friandise dans la balle jaune. Vous trouverez des balles et des jouets prévus pour insérer de la nourriture. Vous posez les balles à cinquante centimètres du chien et, dès qu'il s'en approche et pousse du nez la balle jaune vous annoncez : « Balle jaune » et vous récompensez le chien. Vous devez répéter 10 fois la procédure. Ensuite vous demandez : « Balle jaune » et, dès que le chien touche la balle, vous annoncez « Rapporte ». L'astuce est que si le chien rapporte vous extrayez la friandise et vous la lui offrez. Dès que le chien maîtrise le rapport de la balle jaune, vous enlevez la balle jaune et vous la remplacez par la balle rouge avec une friandise dedans. Suivez la même procédure en disant « Balle rouge » (au lieu de « Balle jaune »). S'ensuivent la récompense et les répétitions. Vient alors le moment crucial de la discrimination. Vous placerez les deux balles avec des friandises et vous demandez au chien « Balle jaune ». S'il rapporte la balle jaune, il est récompensé ; s'il rapporte la balle rouge, il n'est pas récompensé. Vous lui donnez, bien entendu, le droit à l'erreur. Recommencez la procédure jusqu'à ce que le chien ne se trompe plus. Ensuite, ajoutez un troisième objet, puis un quatrième, etc.

Les jeux de pistage. Vous demandez au chien un « Assis Pas Bouger » et vous vous éloignez en emportant sa gamelle que vous déposez à trois mètres. Ensuite, vous demandez au chien de trouver son repas en annonçant « Cherche ». Une fois que le chien a pris l'habitude, vous dissimulez la gamelle mais en laissant le chien voir la cachette. Ensuite vous dissimulerez de mieux en mieux le repas, tout en restant visible, n'oubliez pas l'ordre « Cherche ». Ensuite ce sera l'étape ou le chien ne vous verra plus cacher sa gamelle, et vous lui direz « Cherche ». Une fois que le chien joue avec plaisir à chercher sa nourriture, vous allez évidemment lui faire chercher, d'abord en les humant, des objets particuliers comme des vêtements, ou autres. Vous l'avez compris c'est la méthode utilisée pour les chiens de recherche (stupéfiant, personne disparue, personne recherchée…).

La procédure de jeu est toujours à la base de la procédure de travail professionnelle.

Je vous donne maintenant des jeux qui feront l'admiration de vos amis et vous permettront de faire faire le clown à votre chien et croyez-moi il adorera.

Fais le beau/la belle. Mettez le chien « assis », passez une friandise au-dessus de la truffe et montez votre main pour le faire se redresser jusqu'à ce que ses pattes avant ne touchent plus le sol, puis vous donnez la consigne « Fais le beau/la belle » et vous récompensez.

Danse. Une fois que le chien fait le beau/la belle, vous pouvez le faire tenir debout sur les pattes arrière, pendant quelques secondes, ensuite vous pourrez le faire marcher en avant, en arrière, puis tourner ou avancer à reculons. Allez-y doucement, très progressivement, et récompensez. Si le chien se trompe, il faudra descendre à un exercice de niveau en dessous le faire réussir et tenter le niveau au-dessus.

Fais le mort. Quand le chien est couché de tout son long sur le côté sans bouger, dite « Fait le mort ». Répétez à chaque fois quand le chien est allongé de côté. Après une dizaine de répétitions, vous essayez quand le chien est debout à le lui demander. Surtout récompensez.

N'oubliez pas de répéter les conditionnements. Vous pouvez imaginer des tas de procédure d'apprentissage. Votre chien adorera, vous verrez il est très doué.

LE COMPORTEMENTALISME

Pour être un maître averti je pense qu'il vous faut une bonne connaissance de l'étiologie, mais aussi avoir de bonnes bases en comportementalisme canin.

Nos chiens s'ennuient et souffrent d'un manque d'activité. Dormir, boire, manger, être caressé, sortir en laisse pour une petite promenade résume la vie de beaucoup de nos chiens.

Génétiquement, instinctivement, un chien est programmé pour l'action. L'inaction le conduit souvent à avoir des problèmes de comportement et des troubles psychosomatiques. Ne pas répondre aux besoins de votre chien est une forme de maltraitance passive.

Nos chiens vivent des émotions, et ont des sentiments. Nous ne pouvons pas savoir exactement ce que ressent notre chien, mais nous pouvons l'appréhender, si le rapport que nous avons établi avec notre chien est de confiance et de connivence. En observant notre chien nous pourrons apprendre, tester puis anticiper. Il n'y a rien de mystérieux, c'est simplement de l'observation.

Le modèle hiérarchique est le modèle le plus répandu et le plus utilisé. Chaque comportement du chien est disséqué et interprété en termes de pouvoir et d'autorité. On parle de chien dominant et de chien soumis. Trop de dresseurs canins ont pour mot d'ordre de dominer le chien, et donc de casser son caractère. Vous voulez un chien, calme et équilibré, alors il faudra oublier la méthode forte. Pour votre chien n'utilisez pas cette méthode, vous allez trop perdre en annihilant la capacité innée du chien à l'anticipation, il deviendra une machine.

Parfois les perfides, pour ne pas s'avouer qu'ils sont violents et cruels, nomment l'éducation hiérarchique « débourrer un chien ». C'est malsain. Si le chiot est destiné à faire de la garde, laissez le mordiller des ballotins de tissus d'abord. Vous laissez le ballotin près du chien, naturellement il va mordiller, ensuite vous essayez de prendre le ballotin sans tirer juste en tenant, et surtout ne le réprimandez pas s'il grogne, c'est normal, son instinct s'affirme.

La seule voie, que j'ai toujours utilisée est le travail de communication avec le chien. Je vis en permanence avec quatre chiens, je parle en maître, en guide de sport canin.

Je ne suis pas un théoricien. Souvenons-nous de Descartes qui prônait l'animal robot, le monde canin a encore trop de théologiens radicaux. Faites donc le tour des clubs, et observez.

Les professionnels qui travaillent avec des chiens d'utilisation comme la Police, l'Armée ou la Sécurité Civile, sont le bon exemple. C'est de leurs méthodes dont je me suis inspirée, j'ai été militaire d'active et j'ai travaillé en zone de contact avec des chiens. Venez assister à un Challenge Inter Unité Cynophile comme celui qui se déroule à Blois si vous en êtes en France, vous comprendrez que le modèle hiérarchique est obsolète et proscrit.

Le chien respecte notre autorité pour que nous assurions sa sécurité et son alimentation. Et pourtant nous entendons encore « Mon chien est dominant car il obéit mal ! », « Mon chien obéit à mon mari, évidemment il crie ! » « Je suis tombé sur une lignée de travail… je n'y arrive pas ! ». Les balivernes de ce genre ne manquent pas. Non pas qu'elles soient fausses, mais la cause n'est pas le chien, mais le maître.

Il y a bien entendu une majorité de maîtres qui ont une bonne communication avec leur chien : ne généralisons pas. Seulement les refuges sont remplis de chiens abandonnés.

Il ne faut pas essayer de guérir un chien de l'une des deux maladies du maître : l'autoritarisme ou la faiblesse.

Des chiens qui ont tous les droits, comme s'ils s'agissaient de princes développent des problèmes de comportement liés aux manques de repères et aux manques de limites. Je n'ai rien contre le « chien chien » à sa mémère sauf que le Berger Hollandais développera de graves problèmes de comportements comme l'agressivité et la destruction.

Il y a une méthode simple et efficace pour communiquer avec son chien. C'est par la connaissance que tout commence, par la pratique qu'il faut poursuivre, et c'est l'entraînement qui forge l'expérience.

Les comportements chaotiques et psychotiques, sont essentiellement liés à deux modes de communication avec le chien : autoritarisme et laisser faire.

Il faut répondre à tous les besoins du chien. Car sinon nous n'aurons plus que des chiens dépendants comme des gosses de leurs parents. C'est juste irresponsable et c'est de cette situation que viennent les difficultés de comportement.

Les comportementalistes, parlent d'Hyper pour un chien qui tend vers l'hyperactivité. Et d'Hypo, pour un chien timide, peureux, qui refuse l'activité. Évidemment il s'agit de tendance, et il faut observer les modulations. En résumé les comportements « Hyper » et « Hypo », sont moins graves que les comportements chaotiques et psychotiques.

L'ARRIVÉE DU CHIOT

Avant de voyager, vous avez réglé les dernières formalités, et vous avez été particulièrement attentifs aux vaccinations. Vous avez un carnet de santé, un livret des origines familiales, un carnet de vaccinations et une facture.

Pour votre voyage, sachez que le chiot est un être fragile qui va pour la première fois vivre ce qui est pour lui un drame. Alors soyez compréhensifs envers votre chiot.

Vous ferez une halte par heure. Vous avez de l'eau, une gamelle, du papier absorbant, deux serviettes, et une vieille chemise à vous.

Pourquoi vous demandez-vous ? Eh bien la chemise va beaucoup servir plus tard car elle sera imprégnée de votre odeur, et deviendra une ancre pour le chien.

Lorsque le chiot entre à la maison, il faut qu'il trouve un coin prêt pour lui. Il aura un panier avec un tapis moelleux. S'il vous plaît éviter l'osier car le chiot va déchiqueter et engloutir des morceaux. Vous aurez prévu deux écuelles si possible en acier et des jouets. Il devra y avoir deux types de jouets, pour s'amuser, et pour travailler.

Ne donnez pas de jouets en mousse ou en plastique

que le chiot va détruire et dont il avalera des morceaux. Je préconise une balle ronde, une balle ovale et une barre en élastomère. Je ne suis pas sponsorisé, alors je m'autorise à vous conseiller la marque Kong qui est à mon sens la plus résistante et qui est ajourée pour mettre des friandises dans les jouets. Je renouvelle peu les jouets de mes quatre chiens en privilégiant la résistance.

Le poids des chiens pèsera à terme sur leurs articulations non protégées par du poil, et cela engendrera des calcites aux coudes des pattes. Offrez à votre chiot un coussin de panier très confortable et si possible avec une housse lavable.

Il ne faudra pas donner de suite ses jouets au chiot. Vous devrez attendre au minimum trois jours avant de jouer avec lui. Ensuite vous pourrez en laisser à la disposition du chiot.

Les jouets de travail vous les garderez pour l'apprentissage avec le chien. Cette procédure est la base de l'éducation du chien.

Le chiot en arrivant va devoir s'habituer à son chez lui et à sa nouvelle famille. Soyez patients, laissez le chiot prendre ses marques. Vous devrez attendre que votre chien soit en sécurité et se sente protégé avant de le solliciter.

À son arrivée, vous allez d'abord continuer les câlins. Puis doucement à son grès laisser le chiot explorer sa nouvelle maison. À ce moment-là, il y aura peut-être un besoin urgent. Faite comme si de rien n'était. S'il vous plaît ne montrez pas au chien que vous nettoyez, ne marquez pas le moment des besoins sinon vous augmenterez le temps que le chiot mettra à être propre.

Si vous avez un jardin, vous pourrez anticiper le moment du besoin urgent. Votre chiot sera très vite propre.

Le chiot fourrera son museau partout, laissez-le faire pour qu'il puisse se familiariser avec son milieu. Comme il va à un moment faire une bêtise, votre première leçon d'éducation va commencer.

Vous devez savoir dire « **NON** » et de façon sèche. C'est très important.

Ne vous inquiétez pas, si vous devez répéter. Pendant les deux premières semaines, c'est juste un « **NON** » que vous répéterez autant de fois que nécessaire. Surtout il ne doit pas y avoir de punition.

Ne vous précipitez pas au moindre gémissement du chien, sous peine d'en faire un mauvais comportement.

Le chien vit sa vie, vous vivez la vôtre. Il y a un moment pour le jeu, un moment pour l'éducation, un moment pour le repas, des moments pour courir et d'autres pour se reposer. Ce n'est pas le chien qui décide.

Éviter l'accident en apprenant à bien soulever le chiot, mettez une main sur la poitrine, mettez l'autre main sous les fesses.

Après une semaine vous ne direz **« NON »** que deux fois. Si le chien continue, vous n'insisterez pas. Vous changerez de stratégie. Première leçon il ne faut pas crier. Deuxième leçon il ne faut jamais toucher le chien pour le contraindre.

Vous allez associer l'ordre **« NON »** à un bruit. J'ai choisi la bouteille d'eau en plastique vide que j'ai remplie de petits cailloux et que j'ai bien bouchonnée. Vous lancerez la bouteille à droite ou à gauche du chien en donnant sèchement l'ordre **« Non »**. S'il vous plaît ce n'est pas un jouet mais un outil d'éducation, alors ne donnez pas la bouteille au chiot. Je dis à droite ou à gauche et suffisamment loin de lui. C'est juste fait pour détourner son attention. L'erreur sera de toucher le chien avec la bouteille car vous le rendrez peureux.

Le chiot devra rester une semaine dans sa maison avec sa famille. Il ne devra pas rester seul car il serait désorienté et stressé. Et malheureusement votre chiot répondra à sa façon à son déséquilibre. Oui bien sûr il y a la propreté. Pensez-vous que le chiot fera dehors ? Essayez. Mais attention à ne pas exposer le chiot car son système immunitaire est inexistant pour l'instant.

Après une semaine, sortez et laissez le chien seul chez vous cinq minutes puis revenez. Félicitez-le, il est resté tranquille, il sera content de vous revoir. S'il a fait un besoin, ou une bêtise, faite comme si de rien n'était. Vous pourrez diminuer le temps, et mettre trois minutes. En général nous commençons par cinq minutes, puis dix minutes, faites-le tous les jours, et augmentez la durée. Le chien n'a pas la notion du temps. Mais, il a peur de l'abandon. Alors transformez la notion d'abandon en attente positive.

Plus tard, vous allez confier votre maison à votre chien. Alors ne loupez pas l'éducation de base.

À partir de deux semaines chez vous le chien devra sortir et là aussi vous devrez respecter une procédure. Pour sa première sortie le chien sera avec une laisse et un collier en cuir et surtout pas de collier étrangleur et encore moins de collier électronique.

Vous maîtrisez le premier commandement qui est le « Non ». Vous allez travailler l'ordre « Au pied ». Vous vous rendez dans un endroit calme et vous allez apprendre au chien à marcher à côté de vous. Commencez par mettre votre chien à votre gauche, puis commandez « nom de votre chien - au pied » et avancez la jambe gauche. Le mousqueton doit tomber librement, le chien doit avoir les épaules au niveau de votre genou. Le chien doit vous suivre mais pas vous devancer. Surtout allez-y doucement, vous ne corrigez pas le chien, vous lui apprenez. Ne vous inquiétez pas, il comprend.

Votre ordre sera toujours « nom de votre chien - au pied » et vous ramènerez délicatement le chien en bonne position. J'ai dit délicatement car c'est un chiot. Mais il a le droit de sortir, et en tout cas il ne doit pas apprendre un mauvais comportement. N'allez pas vous compliquer la vie, pour plus tard. Le chien est en apprentissage. Soyez compréhensifs. Avez-vous appris immédiatement ?

Pour l'instant limitez-vous à l'apprentissage de la

marche en laisse. Et ne brûlez pas les étapes. Vous avez remarqué que nous avons commencé tôt son éducation.

Les sorties devront être progressives en durée et en complexité. N'exposez pas votre chiot au centre-ville un samedi aux heures de pointe.

Commencez par des balades en campagne, puis en ville dans un endroit protégé du trafic, puis petit à petit exposez le chien.

Tôt ou tard votre chien aura peur. S'il vous plaît n'ancrez surtout pas ce comportement. Faites comme si de rien n'était et continuez à marcher. Il ne faut jamais féliciter un chiot pour un comportement inadéquat.

Je vous résume ma méthode pour le chiot : l'ancrage et le renforcement positif. Rien d'autre.

Quand on désire un peu de tranquillité à la maison, on peut utiliser un enclos pour chiot. Le chien doit avoir un repère, c'est son panier. Il doit de lui-même s'habituer à s'y rendre. C'est son coin, vous n'avez pas le droit d'y aller.

Vous pouvez aussi avoir une cage de transport métallique. Il faut l'y habituer dès son plus jeune âge, en le mettant dedans.

Pour amener le chien à utiliser son panier puis à accepter sa cage de transport, il faut y placer au début un os à mâcher, de la panse à mordiller, des oreilles à lécher, et son jouet préféré mais surtout sous le coussin la chemise qui a été utilisée pour l'arrivée du chien et qui porte votre odeur.

Ne l'oubliez pas l'ancrage olfactif est une façon de rassurer le chien. Vous voulez l'habituer à rester seul un moment dans la voiture, à l'hôtel, chez des proches, chez des amis, il faudra utiliser l'ancrage olfactif pour que le chien reste serein. Bien entendu l'apprentissage est obligatoire, c'est de l'immersion puis de la répétition. Donc apprenez au chien, puis répétez.

Prenez votre temps, le chien apprend très vite, mais ce n'est pas un robot et parfois il fait son caractère. Dans ce dernier cas restez gagnants en n'insistant pas.

Le chiot ne devra jamais être dérangé lorsqu'il se trouvera dans son coin. Le chiot doit avoir à boire en permanence. Lorsque je me déplace je pense à amener de l'eau pour le chien. Un chien boit beaucoup, et de l'eau saine et propre.

Le chiot mange à heure fixe une ration prévue et si possible une alimentation de qualité. Il a 20 minutes, puis vous enlevez la gamelle.

J'utilise personnellement des croquettes bios. Ne donnez pas en dehors du repas.

Pour les friandises, vous devez comprendre qu'elles sont nécessaires à l'éducation du chiot et plus tard du chien. Je me répète il faut travailler en renforcement positif. Donc la récompense est un outil d'éducation. Seulement la récompense est calorique. J'utilise du cœur de bœuf qui est une friandise sans gluten, sans sucre, sans sel, encore une fois je ne suis pas sponsorisé, vous trouverez cette friandise chez Albert le chien.

Il est important de commencer très jeune à habituer votre chiot aux soins quotidiens : oreilles, yeux, brossage…

On peut croire que votre chiot est équipé de piles longue durée, mais il a besoin de beaucoup de repos pour grandir. Plus votre chiot est grand, plus il est enclin à des problèmes d'articulation, et les jeunes chiens peuvent développer des problèmes graves s'ils font trop d'exercice.

Attention aux exercices violents, aux escaliers, aux courses rapides, aux randonnées trop longues, trop d'exercices peuvent nuire à sa santé.

Le chiot ne doit pas dépasser ses propres limites. Vous devez être très prudents pendant sa croissance car il développe son ossature et trop d'exercices peuvent engendrer des accidents. Limitez vos balades à 5 minutes au début et augmentez progressivement. Ne pas dépasser 30 minutes par séance jusqu'à 8 mois (la croissance rapide se produit entre 2 et 8 mois). Ensuite, continuez très graduellement jusqu'à ses 2 ans.

C'est important de ne pas confondre vitesse et

précipitation, dans l'éducation de votre chien.

Les chiots adorent jouer, mais ont besoin de beaucoup de siestes entre les jeux et les repas.

Ne faites pas jouer votre chiot/chien immédiatement après les repas il risque une torsion d'estomac qui est mortelle si elle n'est pas soignée immédiatement.

LA PROPRETÉ DU CHIOT

Pour votre chiot, la propreté signifie naturellement de ne pas faire sur les lieux de couchage et de nourriture. Le chiot doit donc comprendre la propreté autrement.

Pour faciliter l'apprentissage vous devez respecter quelques règles.

Distribuez la nourriture à heure fixe si possible pas le soir tard.

Laissez manger le chien seul au calme et lui retirer sa gamelle vingt minutes après la lui avoir donnée. Qu'elle soit vide ou pas.

Toujours laisser de l'eau propre disponible.

Sachant que le chiot se soulage après l'ingestion de nourriture, sortez-le juste après avoir mangé, mais ne le faites pas courir.

Un chiot dort beaucoup, il va donc se reposer de nombreuses heures et souhaite se soulager presque automatiquement à son réveil. Sortez-le juste après le repos.

Un chiot de 8 semaines ne peut pas se retenir plus d'une heure ou 2 dans la journée, 3 ou 4 heures la nuit, donc soyez patients. Vous pouvez compter les heures et sortir le chien. Je vous assure que cela fonctionne très bien, si vous sortez le chien après les repas, après les siestes, après les séances de jeux, le soir avant le coucher et le matin dès le jour et les premiers bruits. Un Berger Hollandais va vite comprendre, et viendra vous alerter.

Il ne faudra pas attendre du chiot une réelle capacité à se retenir plusieurs heures avant l'âge de 6 mois.

Vous devez sortir le chien trois fois par jour au minimum.

Le chiot parfois va naturellement se soulager dans la maison, surtout ne le punissez pas. Mais n'ancrez pas ce mauvais comportement. Faite comme si de rien n'était.

Sortir le chiot souvent et dès son plus jeune âge est une évidence.

Au début choisissez de le conduire en laisse dans des endroits tranquilles et propres.

Les endroits bruyants, très fréquentés de gens et de congénères sont à proscrire.

Il est conseillé de sortir le chiot avant ses 3 mois. Le risque infectieux est minime. Par contre pour son éducation c'est génial. Il deviendra plus vite équilibré et capable de faire ses besoins en laisse où que vous alliez.

Et même si votre chiot dispose d'un jardin, cela ne dispense surtout pas de le sortir dans la campagne.

Enfin pas de fixation sur la propreté, elle viendra entre six et huit mois.

Tordons une fois de plus le cou à une idée répandue : on ne met pas le museau du chien dans sa merde ! c'est insensé. Vous n'aurez jamais un chien équilibré avec ce genre de méthode. À l'inverse le chien finira par devenir craintif, car la punition l'attend à tout bout de champ.

LA SOCIALISATION DU CHIOT

À partir de sa huitième semaine, le chiot peut de manière légale quitter l'endroit où il est né.

Il va falloir qu'il découvre sa nouvelle « maison » et poursuive l'apprentissage de la vie, de ce qui l'attend dans les mois et années à venir.

Des expériences nouvelles sont indispensables aux chiots pour acquérir un équilibre comportemental satisfaisant à l'âge adulte, cette confrontation avec le monde qui l'entoure devant se réaliser dans de bonnes conditions (absence d'éléments anxiogènes).

Le chiot a grandi aux côtés de sa mère qui s'est occupée de lui inculquer quelques règles. Dans le meilleur des cas, il était aussi entouré de frères et sœurs avec lesquelles il a pu échanger, jouer et apprendre aussi le partage. S'il a vécu à la campagne et qu'il se retrouve en ville – ou inversement – cela constitue un premier grand changement dans sa vie.

De nouveaux bruits, puis un nouvel environnement, les premiers jours, cela fait beaucoup d'un seul coup ! C'est pour cela qu'il convient de l'accueillir avec un certain calme.

Le chiot doit une semaine après son arrivée être

manipulé régulièrement mais précautionneusement, et confronté en douceur et de manière progressive aux différents bruits de la vie courante, il sera plus rapidement à l'aise.

Ensuite, il devra être confronté aux bruits, de la télévision, de la radio, de l'aspirateur, du balai que l'on passe non loin de son museau, aux voisins dans l'escalier ou le jardin, aux visites d'amis.

Le chien vacciné, vous devez sortir le plus possible sans craindre pour sa santé. C'est essentiel.

Apprenez-lui progressivement à s'habituer à tous les bruits, à tous les lieux. Ces petites incursions alors qu'il est tout jeune lui éviteront de nombreux problèmes plus tard dans sa vie. Et surtout, surtout faites-lui croiser des gens. Arrêtez-vous, serrer des mains et habituez-le aux enfants de la rue qui veulent le complimenter.

Tordons le cou encore à une idée reçue, le chien ne devrait jamais être caressé par des étrangers, pour préserver son instinct de garde. Pas de chance c'est exactement l'inverse. Il faut le socialiser sinon ce ne sera pas un chien de garde qui sait analyser un danger mais un lion en cage prêt à bondir sur tout ce qui passe à sa portée.

Les chiots devraient être présentés à des enfants de tous les âges, s'il n'y en a pas dans la maison, trouvez-en. Par contre, il doit toujours y avoir un adulte qui supervise lorsque les enfants sont avec le chiot de manière à ce que les jeux ne deviennent pas trop houleux et que le chiot ait une expérience positive.

Éduquer le chiot en l'habituant aux autres chiens est essentiel. Une des meilleures manières d'apprendre les bonnes manières canines est de permettre à votre chiot de rencontrer des chiens adultes. Les chiens adultes font attention aux chiots, c'est leur nature. Exposez le chiot progressivement à des congénères adultes, et s'il y a agressivité vous devez stopper immédiatement le chiot. De sa faute ou pas, provoqué par un autre ou pas, peu importe.

Si en jouant le chiot fait mal à l'adulte, le gros chien trouvera une manière d'arrêter le petit, soit avec un grondement soit avec un aboiement. Stoppez immédiatement votre chiot. Ces conseils sont essentiels pour l'éducation.

Apprenez à votre chiot à accepter d'être manipulé par d'autres que vous dès son plus jeune âge. Demandez à vos amis de procéder doucement à l'examen des oreilles, des yeux, de la queue, des gencives et des dents de votre chiot.

Donnez une petite récompense au chiot pour avoir permis ceci. Par contre la récompense ce n'est que vous. Essayez de vous souvenir de cette règle. Ne permettez à personne de nourrir votre chien, c'est la base de l'éducation au refus d'appât. De cette manière, les chiots apprendront qu'être manipulés par tout un tas de gens est une expérience agréable et manger ce n'est que sur indication du maître. Pour les obligations de pension, il faudra que le chien soit présenté à l'accueillant et progressivement immergé (une heure en pension, puis deux…), ne mettez pas le chien en pension avant son éducation complète c'est-à-dire dix-huit mois. Si vous utilisez votre chien en garde, évitez la pension et préférez confier le chien à des proches connus du chien et averti. Je sais, faire garder son chien est une contrainte, pensez-y avant et choisissez une personne de confiance et averti. Les traumatismes psychologiques liés au sentiment d'abandon existent dans ce cas, alors éviter absolument l'autoritarisme d'un inconnu ou pire de la violence. La solution c'est un ami connu du chien, avec qui vous préparerez la transition progressivement, voilà c'est ce que je fais.

Plus il aura de contacts avec divers milieux et différentes personnes, moins votre chien sera craintif et plus il aura confiance en lui. N'arrêtez jamais de le socialiser, car à la phase d'adolescence (vers 8 mois), votre chien aura tendance à devenir craintif et à oublier tous ses acquis s'il n'a pas été assez en contact avec différentes choses et situations.

RÈGLES POUR L'ÉDUCATION

Il ne faut jamais toucher le chien pour le contraindre. Ce n'est pas une question de taille ou de poids mais de caractère. Un chien peut mal interpréter une action ou un ordre, où être un jour mal luné. J'entends par toucher, vouloir imposer à un chien une position. Évidemment vous pouvez le caresser, l'embrassez, mais pas le forcez à prendre une position. Ni vous, ni personne.

Nous n'utiliserons pas de collier électronique sauf cas particulier d'une éducation ciblée à partir de 18 mois par un éducateur breveté. Le collier étrangleur est inutile, l'apprentissage de la marche au pied est facilement acquis par un Berger Hollandais. Vous ne corrigez pas un chien qui tire sur la laisse avec un collier étrangleur, c'est juste malsain et violent, vous devez dire « Non », et bloquer le chien. Dès l'apprentissage en longeant des murs, si le chien dépasse vous réalisez un mouvement pour l'empêcher de vous dépasser.

Nous utilisons le harnais de type professionnel si possible. Tout simplement c'est plus aisé pour le chien et moins dangereux pour son cou.

Il ne faut pas crier. Le chien perçoit les ultrasons, donc

il vous entend même si vous parlez à voix basse. Surtout la modulation de voix est un outil pédagogique. Vous devez vous forcer à parler normalement. Dans l'extrême urgence nous utiliserons un ordre crié et ce sera l'objet d'une éducation.

Si vous gâchez toutes vos munitions maintenant vous serez désarmés en cas de besoin extrême. Alors je vous conseille de parler bas, de répéter en montant un peu le ton et pas plus. Évidemment le chien peut très bien ne pas obéir, voir se rebeller, mais nous avons d'autres tactiques, plus vous avez de cordes à votre arc mieux c'est, donc la voix ne suffit pas, il y a le geste associé au « Non », et il y a pire c'est de faire la tête et de détourner le regard et la tête. Je ne t'aime plus et je ne m'occupe plus de toi. Rappelez-vous je sanctionne sur l'action par un comportement proportionné et je lève la punition. Certains se disent que ce n'est pas possible, qu'il faut crier, punir en enfermant, mettre une sacrée raclée… le chien crie la caravane passe… Réussir l'éducation pour être en harmonie avec son chien ne passe pas par le traumatisme de la violence. Et si votre femme n'écoute pas, ou vos enfants, ou vos collaborateurs, ou vos amis. Évidemment ce n'est pas le chien. Excusez-moi.

Il existe, de bons et de mauvais éducateurs, d'excellents clubs et d'autres qui sont infectes. Tout d'abord ne vous engagez pas sans avoir au préalable participé à une journée portes ouvertes du club, et sans avoir suivi une leçon gratuite. Je vous invite à vérifier les diplômes des éducateurs.

Le chiot et le chien sont deux réalités différentes, et nous devons parler d'apprentissage pour le chiot et d'éducation pour le chien. Bannissez le mot dressage. Vous a-t-on dressés quand vous étiez enfants ?

Pendant le jeune âge, la psychologie du chiot est complètement différente. Le chiot réagit à des stimulations de façon différente du chien.

Il faut souligner que la construction mentale d'un jeune

chien est comme une éponge prête à absorber des millions d'informations qui seraient difficilement reçues par un chien adulte.

Un chiot ne doit pas travailler plus d'une demi-heure jusqu'à six mois, ensuite la charge augmente.

Commencer l'éducation du chiot tôt. Mais respectez cette règle, il faut travailler souvent mais pas longtemps. Surtout le travail pour le chiot est basé sur le jeu et le plaisir.

Autrefois, on avait l'habitude d'attendre l'âge d'un an, pour commencer à éduquer son chien. Le bon âge pour apprendre est dès trois mois, même s'il faut adapter les programmes aux possibilités d'un esprit en plein développement.

Le jeune âge, chez le chien, est aussi celui de l'apprentissage des hiérarchies. L'avantage de l'éducation en club est que le chien est en contact avec d'autres congénères, c'est indispensable à sa socialisation.

Le chien doit savoir d'instinct qui commande, à qui il peut se fier, qui il peut suivre et avec qui il peut tout simplement jouer. Il est préférable de passer par un club, ainsi le chien partagera avec d'autres chiens et vous avec d'autres maîtres ou maîtresses.

Vous avez choisi un Berger Hollandais et un club. Vous allez devoir encore vous investir. N'allez donc pas apprendre des techniques de travail à l'école du chiot pour en utiliser d'autres à la maison. Le travail d'éducation doit être de nature physique et intellectuelle.

Personnellement je considère qu'il doit être d'abord intellectuel. Un chien peut apprendre jusqu'à cent cinquante comportements. Je ne dis pas mot, car cela ne veut rien dire, c'est bien le comportement associé au mot qui est important.

Les gestes pour éduquer son chiot ne doivent pas être brusques, pour ne pas prêter à confusion et ne pas faire peur au chiot. Pas de cri, ne pas contraindre le chiot en le touchant, et pas de grands gestes.

Le contact avec l'animal obéit à certaines règles. Des gestes de félicitations trop amples accompagnés de cris de joie peuvent provoquer chez l'animal une peur telle qu'il n'est pas près de recommencer ce qu'il vient de faire, même si vous en étiez très satisfaits.

Aussi vous devez dès le début savoir moduler votre ton de voix, je me répète vous devez apprendre à utiliser votre voix. La première règle avec un chiot est de récompenser un comportement attendu, et de faire comme si de rien n'était avec un comportement inadapté.

Un mot doit induire un comportement pour le chien. Il faut faire apprendre, faire répéter, puis faire associer le comportement à une attitude globale. Il s'agit de trois phases différentes.

L'apprentissage se fait en utilisant le jeu et la friandise. La répétition se fait un utilisant le jeu seul et permet de travailler un comportement reflex. L'association va permettre au chien d'intégrer des enchaînements de comportements, la félicitation doit être le partage de la joie du maître et du chien.

LES TESTS D'APTITUDE AU TRAVAIL

Le Test de Caractère (TC) est une épreuve de sélection qui permet de juger de l'équilibre du Berger Hollandais. Elle permet d'écarter de la reproduction les chiens se révélant peureux ou agressifs.

Le chien sera présenté à cet examen à partir de 12 mois. L'engagement est à faire auprès du Bergers Hollandais Club de France

Les écarts de comportement du propriétaire envers les examinateurs, les écarts de comportements du chien, ou la mauvaise santé du chien, entraîneront un ajournement.

L'appréciation de l'émotivité du Berger Hollandais est observée par un juge après que soient tirés par un assesseur 2 ou 3 coups de feu. Le chien doit rester globalement calme et ne pas monter d'angoisse ou d'anxiété.

L'appréciation de la sociabilité est observée par un juge qui manipule doucement le chien, en présence de son maître. Le Berger Hollandais ne doit pas être angoissé ou stressé par cette manipulation étrangère. Le Juge procédera à la lecture de l'identification du chien le maître ne devra pas avoir besoin de maintenir de force son chien. Le juge demandera ensuite un déplacement du chien en laisse et le maître guidera son chien vers un groupe de personnes. La laisse doit être lâche. Le chien n' évite pas le groupe, et ne manifeste pas d'anxiété.

L'appréciation de l'éveil est observée par un juge, en présence du maître, qui lance une balle, et incite le chien au jeu, puis au mordant sportif avec un boudin tenu au bout d'une ficelle. Le chien doit montrer de l'envie.

L'appréciation du retour au calme est observée par un juge qui demande au maître de retirer collier et laisse et qui va caresser le chien et l'exciter. Le chien doit pouvoir retrouver son calme à la demande.

L'obtention du TC se fera par délibération du juge au vu des résultats obtenus et du comportement général du chien. Le juge expliquera au maître les écarts.

Le Test d'Aptitudes au Travail (T.A.T.) est une épreuve de sélection sur le caractère du Berger Hollandais. Elle permet de vérifier l'aptitude à l'utilisation du chien.

Le maître et le chien effectuent d'abord une marche en laisse en suivant les instructions du juge qui demandera deux arrêts et deux changements de direction.

À l'issue de la suite en laisse, le maître placera son chien sans laisse ni collier à un endroit que précisera le juge sur le terrain, et le maître demandera une immobilité de 30 secondes en position chien couchée, puis en position assise et enfin en position debout. Durant l'immobilité le maître rejoindra le juge.

Ensuite à la demande du juge le chien et son maître se positionneront face à un homme d'attaque, pour mettre en place une attaque de face. Le maître enverra son chien sur l'homme assistant, pendant que le juge ordonnera un coup de feu lorsque le chien se trouvera à environ 5 m et un second coup de feu lorsque le chien se trouvera 2 m. Au moment de la prise en gueule du chien l'homme d'attaque usera de son bambou pour effectuer deux menaces envers le chien. Le juge ordonnera au conducteur de rappeler son chien au pied.

Le maître une fois son chien remis en laisse reviendra auprès du jury pour un retour au calme et lecture du tatouage ou identification par puce.

Pour terminer l'examen le juge demandera au maître avec son chien de courir à une allure rapide.

L'obtention du TAT se fera par délibération du juge au vu des résultats obtenus et du comportement général du chien. Le juge expliquera au maître les écarts.

Je ne donne pas le barème de points que vous pouvez trouver auprès du Bergers Hollandais Club de France, car le club de race à la liberté de le modifier.

Le Challenge Beauté Performance permet de présenter son chien, qui participe aux disciplines sportives du club de race à concourir en Nationale d'Élevage. Les plus beaux sujets seront départagés sur des critères de beauté, pour les titres CACIB et CACB.

L'ÉDUCATION DE BASE

L'éducation de base comprend, les positions de fixation, le stop et le rappel.

La procédure d'éducation sera identique. Prenons un exemple avec le comportement assis.

Vous choisissez le nom de l'ordre « Nom du chien-assis » et vous répétez l'ordre en vous positionnant à droite puis à gauche du chien ; puis chien entre vos jambes ou devant vous.

Il ne faut surtout pas appuyer sur la croupe du chien, car le chien résiste et essaie de se relever. Attention vous risquez un mauvais réflexe du chien, et de vous faire mordre. Même si par la force vous arrivez à le faire asseoir, il va ressentir cet ordre comme une contrainte et « Nom du chien-assis » deviendra une position de soumission. C'est une erreur grave d'éducation, qui engendrera des complications comme des comportements de crainte ou d'agressivité.

Il faut faire asseoir le chien sans aucune contrainte physique. Chaque fois que le chiot s'assoit de lui-même, dites « Nom du chien-assis » et félicitez-le en donnant une friandise.

Maintenant faites comme si vous alliez lancer une balle, vous verrez que le chiot s'assoit naturellement pour suivre votre geste du regard. Profitez-en pour lui dire « Nom du chien-assis » avant de lancer la balle. Recommencez. Félicitez oralement et par une caresse, puis donnez une friandise. Après ce travail à la maison, vous allez travailler en école du chiot.

Le chiot est debout, prenez une friandise et tenez-la au-dessus du nez du chiot. Il va lever la tête pour la regarder. Tendez alors votre bras vers sa croupe. Pour pouvoir regarder la friandise, le chien va lever la tête vers l'arrière. Continuez avec votre bras au-dessus de sa tête, le chien va s'asseoir. Il faut quatre à cinq leçons par position de fixation pour apprendre, ensuite le chien répétera ses gammes.

Chez vous à partir de maintenant le chien entendra l'ordre « Nom du chien-assis » régulièrement. Commencez par demander « Nom du chien-assis » lorsque vous donnez la gamelle. Ensuite demandez « Nom du chien-assis » avant de mettre la laisse pour la promenade. Soyez inventifs. Les occasions ne manquent pas.

Il ne faut pas donner d'ordres complexes pour le moment et encore moins d'ordres contradictoires, comme « nom du chien-assis — stop — pas bouger — au pied » c'est l'erreur la plus courante du débutant.

La répétition en club est en général une marche en cercle les uns derrière les autres et le moniteur demande un « Nom du chien-assis ». Vous répercutez l'ordre. Soyez patients mais par contre soyez exigeants, « Nom du chien-assis » doit être net avec une bonne position du corps. Soyez calmes, tranquilles, patients, et respectueux mais exigeant.

Pour le coucher mettez une gourmandise vers le bas devant la truffe puis vous reculez un peu. En même temps vous donnerez l'ordre. Dès le coucher obtenu vous donnez la friandise et vous félicitez.

Pour le debout mettez une gourmandise à hauteur de

votre bras. Donnez l'ordre « debout » puis donnez la friandise et félicitez.

Pour le stop vous donnez l'ordre et vous vous arrêtez, le chien va vous imiter. Donnez la friandise et félicitez.

Si une position est mal comprise, vous revenez à une position assimilée avant, puis vous ressayerez.

Au fur et à mesure vous ne donnerez la friandise que si c'est parfait.

Vous ne passez à la phase répétition que lorsque les positions sont acquises. Il y a quatre positions de fixation : Assis, Coucher, Debout, Stop. Souvent les clubs oublient « Nom du chien debout ».

Maintenant nous allons enchaîner les positions.

Vous marchez avec le chien à vos côtés, vous démarrez pied gauche en avant, et tous les cinq à dix pas vous donnez un ordre différent. « Nom du chien-Assis » « Nom du chien Couché » « Nom du chien Debout ». « Nom du chien Stop ». Allez-y progressivement. Vous ne récompensez que le mouvement parfait. Le chien doit être dans la direction de la marche au moment de la fixation.

Vous allez tous les jours travailler ses positions deux fois 15 minutes (par exemple matin et soir), puis vous allez deux fois au minimum par semaine travailler en club.

Après deux à trois semaines d'association sur les positions de fixation vous enchaînerez en rajoutant les demi et quart de tour (généralement oubliés en club).

Vous marchez avec le chien à vos côtés, vous démarrez pied gauche en avant, et tous les cinq pas vous donnez un ordre différent, et vous rajoutez les ordres « à droite » « à gauche » « demi-tour droite » « demi-tour gauche ». Allez-y progressivement. Vous ne récompensez que le mouvement parfait. Le chien vous suivra dans la direction que vous prendrez tout à fait naturellement, l'ancrage se fait avec l'ordre qu'il finira par associer inconsciemment au côté droit et gauche et au demi-tour. Nous aurons besoin de cet ancrage pour les phases d'éducation futures.

Maintenant et seulement maintenant nous allons faire

apprendre au chien un ordre complexe « Nom du chien - pas bouger ».

Vous marchez avec le chien à vos côtés, vous démarrez pied gauche en avant, et vous faites cinq pas, puis vous donnez un ordre « assis », puis un autre ordre « pas bouger ». Commencez à faire un pas. Redonnez l'ordre « pas bougez ». Revenez et donnez une friandise et félicitez.

Au début mettez-vous face au chien et reculez de deux pas. Donnez l'ordre « pas bouger ». Vous augmenterez le nombre de pas progressivement. Ensuite vous demandez le même ordre mais le chien est à côté de vous. Félicitez. Félicitez. Répétez. Répétez. Félicitez. Félicitez.

Vous allez tous les jours travailler ses positions deux fois 20 minutes (par exemple matin et soir), puis vous allez deux fois au minimum par semaine travaillez en club.

Ensuite vous continuerez par « Nom du chien - debout - pas bouger » en respectant la même procédure. Ne mettez pas la charrue avant les bœufs. Si le chien ne maîtrise pas assis, puis pas bouger n'enchaînez pas.

À partir de là, vous répétez pendant quinze jours. Il faut travailler tous les jours deux fois 20 minutes et allez deux fois en club par semaine (si possible sinon une fois au moins, ce sera seulement plus long pour l'assimilation en réflexes par le chien) (les jours de club il n'y a pas de leçon à la maison). Le club va permettre de confronter le chien aux sollicitations des congénères, aux bruits, aux gens…

Maintenant nous travaillerons l'ordre « Nom du chien - debout - pas bouger » et vous continuerez à marcher. Le chien doit rester ou il est. Faites deux pas. Puis dites « Nom du chien - Au pied ». Soyez patients. Ne faites pas plus de deux pas, ensuite vous augmenterez la distance (c'est le secret). Au plus vous allez vous éloigniez au plus le chien voudra vous suivre, donc commencez très près, puis doucement augmentez la distance. C'est l'école de la patience et cela payera, croyez-moi.

Maintenant pendant deux mois, au minimum une fois

par jour et une fois en club par semaine, l'idéal est deux fois par jour et deux fois en club semaine, vous allez suivre la procédure suivante.

Vous marchez avec le chien à vos côtés, vous démarrez pied gauche en avant, et vous faites cinq à dix pas vous donnez un ordre assis, puis pas bouger. Commencez à faire trois pas. Redonnez l'ordre pas bougez. Appelez le chien donnez une friandise et félicitez. Vous marchez, vous enchaînez un ordre différent tous les cinq ou dix pas. Svp n'oubliez pas le Stop. Travaillez 10 minutes, faites une pause, travaillez 10 minutes. Si possible laissez jouer le chien. Il faudra une laisse longue ou une longe pour le « pas bouger ».

Maintenant vous allez suivre la même procédure mais sans laisse ni longe. C'est essentiel de suivre cette progression. Soyez patients, le chien fera des erreurs, ou fera sa caboche, vous continuerez. Ne félicitez jamais un mauvais comportement.

Enfin et seulement maintenant nous allons travailler le rappel. Pourquoi ? Tout simplement car maintenant vous avez créé la relation avec votre chien, il est habitué à travailler avec vous, vous êtes à présent formatés ensemble. Trop de clubs font le rappel trop tôt ! et surtout avant une marche au pied sans laisse qui est le fondement du lien entre le maître et le chien : sans lien physique.

Certains clubs n'apprennent que la conduite à gauche, c'est une erreur et le chien sera gêné pour des sports comme l'Agility.

Le rappel est un comportement essentiel. Le comportement se déclenche sur l'ordre « Nom du chien - au pied ». Ne commencez jamais le travail de rappel en milieu non clos. Le risque que le chien aille courir ou il veut est réel.

En club le chien est équipé d'une longe tenue par un éducateur. Vous vous éloigniez de la longueur de la longe et vous donnez l'ordre « Nom du chien — au pied ». Le retour pourra se faire soit à l'anglaise « le chien tourne derrière vous et se positionne » ou il vient directement et se retourne. Il faut travailler les quatre positions de retour au rappel « Anglaise à gauche » « Anglaise à droite » « à droite » « à gauche ». Quand le chien est à mi-course, vous indiquez, avec votre bras à votre chien, comment se positionner. Pour passer par-derrière à l'anglaise vous devez faire une torsion du corps, la main du côté choisi tendu.

Vous allez apprendre maintenant au chien à se positionner devant vous, presque entre vos jambes. Au milieu de la course pour revenir lors du rappel vous tendez la main au milieu du corps vers le bas. Félicitez. Cette position d'attente est très importante pour le travail en utilisation.

Le travail du rappel sera répété à chaque séance d'éducation, et à chaque sortie.

Vous allez apprendre au chien à rester en zone de surveillance avec le comportement associé à l'ordre « 10 mètres ». Dès que le chien dépasse la zone approximative de 10 mètres vous le rappelez avec l'ordre « 10 mètres ».

Ne lâchez jamais un chien en liberté avant un an et avant un rappel parfait que vous aurez testé en club et qui sera validé par un éducateur.

N'oubliez pas qu'avec une grande laisse le chien peut se balader. Attention, il faut un niveau parfait pour évoluer sans laisse et notamment un « Stop » immédiat parfaitement maîtrisé. Soyez vigilants et ne prenez aucun risque.

Pour l'éducation de base vous avez maintenant tous les outils en mains. C'est en forgeant que l'on devient forgeron. Cent fois sur le métier remettez votre ouvrage.

L'ÉDUCATION A LA GARDE

Le chien de garde a acquis des réflexes. S'il est seul il agira selon sa conscience, et un inconnu sera obligatoirement un malveillant, et le chien agira car il a été éduqué pour cela.

Dehors un chien de garde doit pouvoir vous alerter. Après l'alerte il attendra votre décision, si vous n'êtes pas là, il interviendra de lui-même, en fonction des circonstances il se référera à son instruction.

Un panneau qui prévient qu'un chien monte la garde ne dispense pas d'être prudent, mais est obligatoire. Vous devez avoir un panneau par issue.

Personnellement mes chiens sont dedans si je sors et dehors si je suis présent. Quand ils sont dehors ils préviennent et ils m'attendent.

La prévention est la base de la garde, le chien doit toujours prévenir et n'intervenir qu'en cas de danger avéré.

Il y a trois degrés d'alerte : l'aboiement, le grognement, et l'attaque (ou défense). Si le danger est écarté le chien doit revenir immédiatement en position de vigilance.

En général la position de grognement dissuade l'éventuel agresseur. Si malgré tout l'agresseur poursuit, le chien aura un mordant très fort, et ne relâchera que sur ordre, cette action se nomme l'immobilisation.

Le mordant a des règles précises. Le chien est entraîné à mordre et surtout à tenir son mordant. Il a été entraîné pour cela. C'est pour cette raison, qu'il ne devra jamais répondre à une simple provocation.

Un chien parfaitement éduqué saura doser sa réponse à un danger : il préviendra, analysera la nature de l'agression et interviendra juste de raison.

Vous devez entraîner le chien à attaquer sur ordre, mais aussi à avoir son propre jugement, et il faudra lui faire confiance, car il aura appris.

Pendant toute la phase d'éducation vous devez surveiller le chien, c'est un apprenti.

Vous ne devez pas commencer la phase de travail au mordant avant l'obtention du Test d'Aptitudes au Travail.

Si le rappel n'est pas intégralement maîtrisé, ou si le stop n'est pas parfaitement acquis, ne commencez pas la phase d'éducation à la garde.

Vous devez enseigner au plus tôt la phase de refus d'appât à votre chien. Un chien mange un repas équilibré à heure fixe, en toute tranquillité pendant vingt minutes. Il n'accepte rien d'autre, sauf vos friandises en éducation. Évidemment il a de l'eau propre en permanence.

Vous devez passer à l'enseignement de la phase reconnaissance des aliments dès l'âge de six mois. Le chien ne prend que ce qu'il reconnaît, et seulement la nourriture présentée par son maître. Ainsi vous diminuerez le risque de voir votre chien toucher à des aliments empoisonnés.

Le chien doit être sociable, c'est primordial, essentiel, c'est la base de tout. Nous allons tordre le cou à une idée reçue. Si vous interdisez à vos proches, à vos amis, à des tiers de caresser le chien, vous faites une grosse connerie, le chien de garde ne fonctionne pas ainsi. C'est exactement l'inverse. Il analyse le danger, donc s'il n'y en a pas, il est un gentil toutou qui se laisse caresser, communique, et interagit avec les autres.

Vous devez habituer le chien par contre à ne pas manger ce qui lui est offert par une autre main que la vôtre. Si vous devez un jour confier le chien, il faudra l'habituer à la personne qui le nourrira quelques jours avants. N'oubliez pas que ce sera sa gamelle et sa nourriture habituelle. J'ai personnellement deux amis de confiance, qui sont habitués à garder mes chiens.

Je vous invite aussi à ne jamais attacher votre chien de garde chez vous, surtout lorsque vous êtes avec des amis, même si vous faites une fiesta. L'attache est une position de soumission et d'excitation, votre chien va mal la vivre. Il faut préférer habituer votre chien à respecter des codes dans toutes les situations. Mes chiens ont été habitués à prendre leurs distances, et vont donc se mettront naturellement en recul du bruit, et des sollicitations. Ils n'approcheront pas et resteront calmes et vigilants.

Vous devez veiller à ce que le collier du chien de garde ne soit pas un danger pour le chien, car il peut s'accrocher et pendre le chien ou servir à un intrus à attraper le chien en général avec une gaffe à crocheter. Je laisse mes chiens sans collier quand ils sont chez moi. Le tatouage et la puce transpondeurs sont suffisants.

Vous devez habituer votre chien bien avant l'éducation à la garde à tous les bruits et il ne devra pas avoir peur. Pour y arriver il faut utiliser l'immersion progressive. Coup de feu, cri, feux d'artifice, avion qui passe le mur du son, tambours, trompette mes chiens restent sereins. J'appelle cela la méthode du calme olympien.

Nous allons tordre le cou à une autre idée reçue : si le chien voit quelqu'un chez moi comme ami et si cette personne vient à l'improviste, le chien n'interviendra pas ? C'est absolument faux. Le chien a appris à mesurer le danger. Il n'y a que vous qu'il ne testera plus après son adolescence. Votre ami ou pas, le chien entamera les phases de précautions : l'aboiement, le grognement, puis la position d'attaque.

Puisque nous y sommes, nous allons tordre le cou à

une énième idée reçu, qui consiste à tester un chien in situ par un quidam. Êtes-vous fous ? En voulez-vous à quelqu'un à ce point pour le mettre en danger ? Seul un éducateur au mordant dûment habilité peut tester un chien ! L'éducateur avec qui vous travaillez peut vous le proposer. Lui et personne d'autre !

Le chien intervient, vous êtes là : vous donnez l'ordre « stop » et le chien se mettra en position de vigilance. Ensuite vous exigez de l'agresseur de s'allonger au sol, puis vous prévenez les autorités.

Le chien intervient, vous n'êtes pas là : avez-vous pris la précaution d'avoir un voisin vigilant qui va prévenir les autorités et vous prévenir ? Votre voisin ne doit surtout pas s'approcher du chien. Il prévient par téléphone.

Dans tous les cas je vous conseille, d'avoir les papiers du chien, son carnet de vaccination, et votre licence CBU de club, ce sera plus simple.

Prenez tout de suite les témoignages des gens qui connaissent votre chien et peuvent témoigner qu'il est bien éduqué.

Un chien de garde éduqué vous fera prendre moins de risque qu'un chien non éduqué qui sera surpris chez lui. Ce dernier aura une poussée d'agressivité. Ce sera bien pire que l'intervention d'un chien équilibré, qui est éduqué à intervenir et qui est psychologiquement sûr de lui.

Nos politiques ne mesurent pas les risques encourus avec des chiens classés d'utilisation et qui ne sont pas éduqués. Tous les maîtres devraient éduquer leurs chiens s'ils sont classés de garde et habilités au mordant.

Nous terminerons avec le risque de bavure, de la grosse bêtise, du coup de sirocco pour une femelle en chasse. Le chien n'est pas un robot, mais un être sensible. Il n'est pas possible de tout prévoir, d'avoir tout anticipé. Et si le chien fait une grosse boulette, alors il faudra que vous assumiez.

Un chien éduqué, avec une évaluation parfaite de son comportement par son éducateur, est un chien qui saura évaluer une situation. Un chien, pas éduqué, ou pire éduqué avec violence, sera un danger.

Il était indispensable de parler des préliminaires avant d'aborder l'éducation à la garde et à la défense.

Votre chien doit d'abord être sociable, être psychologiquement stable, et avoir une éducation de base parfaite avant d'envisager d'en faire un chien de garde.

Il maîtrise les positions de fixation : assis, couché, debout et pas bouger. Il marche en laisse sans tirer, et fait les quarts de tour et demi-tour sur ordre. Il marche sans laisse en enchaînant les positons fixation et l'ordre *pas bouger*. Il maîtrise les positions de fixation associez à l'ordre *pas bouger*. Le stop et le rappel sont immédiats sur votre ordre. Votre chien a réussi le Test d'Aptitudes au Travail.

Alors allons-y. Bon courage. Un Berger Hollandais en garde, est un des meilleurs chiens pour cette mission.

Vous allez choisir un club, inscrire votre chien en RCI ou en RING, obtenir une licence CBU, puis vous travaillerez avec un maître-chien professionnel. C'est impératif pour le mordant. Un professionnel va utiliser le jeu sans aucun accessoire entraînant de la douleur chez votre chien. Apprendre à son chien à monter la garde ou à défendre signifie avant tout d'apprendre au chien à faire la différence entre une situation à risque ou une situation normale, mais pour cela il va falloir vivre les situations et que le chien acquiert des procédures qui deviendront des routines.

La patience est de rigueur. Votre chien ne naît pas chien de garde et de défense, il va falloir du temps et de nombreuses séances pour lui apprendre.

C'est peut-être long, mais quel bonheur une fois que vous avez réussi ! Et vous allez réussir. L'important c'est la régularité des séances. Pour la durée des séances, je vous recommande une heure, pour la fréquence deux fois par semaine. N'oubliez pas les pauses. Observez votre chien s'il en marre faites immédiatement une pause.

J'en vois beaucoup qui apprennent directement à attaquer à leur chien. C'est dangereux. Le chien doit d'abord apprendre à surveiller et à alerter.

Il ne faut pas apprendre au chien à mordre ou à attaquer, avant qu'il ne sache donner l'alerte et faire éloigner l'intrus.

Pour apprendre à donner l'alerte, votre chien doit d'abord bien connaître les situations où il n'y a pas lieu de donner l'alerte.

Donc c'est l'ordre « non » dans les situations non désirées.

Commençons par l'éducation de base chez vous :

Vous êtes seuls à savoir qui laisser entrer chez vous. Lorsque quelqu'un sonne donnez l'ordre « *non du chien à ta place* ». Le chien s'exécute, n'oubliez pas la récompense et la caresse. Vous répéterez autant que nécessaire.

Maintenant vous autorisez une personne à entrer. Faite signe à votre chien de s'approcher de la porte et vérifier qu'il reste neutre, ni bon ni mauvais. Donnez l'ordre « *c'est bon* », le chien repart à son panier. N'oubliez pas la récompense et la caresse. Vous répéterez autant que nécessaire. Cette phase est très importante, le chien doit venir et repartir. C'est une routine. S'il n'y a pas l'ordre « *c'est bon* », le chien doit rester en position de vigilance près de vous.

Maintenant dans le jardin ou dans la cour : une personne approche du grillage, de lui-même le chien alerte, puis vous sortez et vous donnez l'ordre « *laisse* ». N'oubliez pas la récompense et la caresse. Le chien ne doit pas se jeter sur grillage sinon ce sera l'ordre « *non* ». Dans la mesure où un Berger Hollandais est très réactif, vous pouvez allier l'ordre « *non* » à une impulsion de collier d'entraînement. C'est uniquement si votre Berger Hollandais a du caractère et se jette sur le grillage. Il doit rester à un mètre du grillage et fixer l'intrus en aboyant en vous attendant. Vous répéterez autant que nécessaire. Cette procédure ne doit être apprise que si un individu s'arrête devant le grillage, cela évitera les aboiements sur les passants qui seront réprimés par l'ordre « *non* » et une impulsion au collier d'entraînement.

Le chien ne va pas rester au coin car il y a quelqu'un. Vous devez le laisser vivre sa vie, surtout si la personne invitée reste un moment chez vous. Demandez juste aux gens que vous accueillez de ne pas s'occuper du chien. Si le chien vient près de la personne invitée donnez l'ordre « *tu laisses* ». N'oubliez pas la récompense et la caresse. Vous répéterez autant que nécessaire.

Ces procédures ne concernent que les invités pas la famille. La famille doit être immergée avec le chien : ballade, jeu, travail du chien, et accompagnement du chien à l'éducation en club.

Tordons l'idée reçue à l'éducation du chien qui ne doit laisser sortir personne de chez vous. C'est inadmissible. Le chien de garde est éduqué à l'analyse de situation : donc sauf s'il y a un danger sinon il n'intervient jamais. Les dangers c'est vous qui les lui apprendrez.

Tordons le cou à une autre idée reçue celle qui prétend qu'il n'est pas forcément indispensable de dresser un chien à la garde pour qu'il comprenne qu'il doit garder la maison lorsqu'il est seul. Certes le chien aboiera, mais il sera en panique s'il doit intervenir. Et c'est très dangereux, car le chien ne sait pas mordre donc ce sera de la charpie si le chien fait face.

La plupart du temps, s'il n'a pas appris à monter la garde, un chien préférera toujours s'éloigner du danger sauf certaines races comme par exemple les Bergers Hollandais, les Bergers Belges, et les Bergers Allemands.

Un chien dressé à monter la garde surveille et alerte. D'ailleurs, l'un des fondamentaux absolus pour apprendre à monter la garde à son chien, c'est la socialisation très avancée.

Maintenant votre chien connaît les procédures et sait ce qu'il doit faire si des amis arrivent chez vous ou si un individu stoppe devant le grillage du jardin. C'est parfait.

L'éducateur vous proposera un test. Évitez de demander à un quidam lambda de tester le chien et encore moins à un membre de la famille.

Rappelez-vous : il y a trois degrés d'alerte : l'aboiement, le grognement, l'attaque. Vous avez éduqué le chien au premier niveau d'alerte : l'aboiement.

Pour le grognement, le chien grognera et montrera en même temps les crocs. Cela ne s'acquiert au travail du mordant. Au début l'éducateur va éloigner les peurs du chien. L'éducateur sous forme de jeux proposera au chien des chiffons à mordre, là vous repérez l'attitude du chien au moment de la prise. Vous associerez l'ordre « *grogne* », et l'éducateur continuera de travailler. Une fois chez-vous il faudra travailler avec le chien. Demandez-lui « *grogne* ».

La position d'attaque et l'attaque sont apprises lors de l'éducation au « *mordant* » avec l'éducateur. L'important ne sera pas que le chien réagisse sur un homme caparaçonné, mais qu'il cesse immédiatement dès que l'ordre est lancé.

Vous l'avez compris l'éducation à la garde est un ensemble complet d'associations de comportements, ce n'est certainement pas que du mordant.

En conclusion, un chien de garde n'est pas un chien qui aboie dès qu'il voit un passant, un vélo ou un autre animal passer devant chez vous. Ce n'est pas non plus un chien qui ne fait aucune différence entre le facteur, les amis, les voisins ou un rôdeur.

Lorsque l'on a un chien de garde, on doit toujours être en mesure de prévoir sa réaction face à une personne malveillante. Les chiens qui aboient face aux gens qui passent ne font que répondre à un instinct, sans avoir appris comment réagir. Un chien qui monte la garde est un chien qui a appris son travail. Un chien de garde a appris à faire la différence entre les personnes indésirables et celles qui sont invitées. Il veille, il surveille, il alerte. Ce n'est pas un chien agressif et il n'attaquera jamais sans en avoir reçu l'ordre de son maître ou d'être dans une situation qui lui impose d'agir.

L'ACTIVITÉ

Afin de rendre heureux et équilibré votre Berger Hollandais son maître devra se positionner tout de suite en bon chef de meute, sachant exactement ce qu'il veut et comment l'obtenir.

On peut canaliser un Berger Hollandais avec de l'activité partagée avec son maître, c'est ainsi qu'il trouvera la plénitude de son équilibre ».

La première activité reste « le Ring». La faculté de garde et de chien de défense du Berger Hollandais s'exprimera totalement.

L'Agility est une discipline sportive qui consiste à faire évoluer son chien sans laisse ni collier sur un parcours composé de multiples obstacles divers en respectant un ordre de passage défini, et ce en un temps déterminé. Haie, slalom, mur, tunnel sont disposés de manière à former un parcours modulable selon le degré de difficulté. Il faut un excellent équilibre psychique pour faire de l'Agility. Il faudra faire découvrir cette activité à votre chien. Mais attention, il faut être prudent pour l'ossature et veiller aux risques de blessures. Il est inadmissible de surentraîner des chiens à l'Agility, car c'est sources à terme de problèmes articulaires. La compétition doit s'envisager sans recourir au sur entraînement.

La promenade quotidienne est un bienfait physique et psychique. Vous placez de petits moments de jeux et d'éducation pendant la promenade et ce sera parfait. Certains chiens ont la joie de faire de temps en temps des balades libres – sans laisse – dans les bois, les champs ou sur la plage.

Pour le Canicross les propriétaires, sortent les chiens en laisse. Les chiens doivent marcher à la vitesse de leur compagnon humain, soit entre 3 et 6 kilomètres par heure. Cette vitesse de marche est adéquate pour un petit chien, mais pas pour un Berger Hollandais qui marche à plus de 6 kilomètres par heure. Le chien a plus de plaisir à trotter qu'à marcher : pour lui, marcher à la vitesse de son propriétaire est un effort de lenteur.

Pensez à faire du Trekking. Au-delà de la promenade journalière, il y a le grand bonheur de partir plusieurs jours en randonnée. Quand la promenade se fait sur plusieurs jours, ponctuée de bivouacs, on l'appelle trekking. Le chien accompagne son maître, il porte son propre bagage. Un chien promené tous les jours, pourra sans difficulté avancer plusieurs heures par jour, plusieurs jours de suite. Si vous partez plusieurs jours, avec votre équipement, entraînez votre chien à emporter son propre nécessaire (nourriture, boisson, gamelle) dans un sac à dos adapté, cela vous soulagera. Le trekking est une activité de week-end et de vacances. Attention à la cadence le chien devra pourvoir prendre d'autres allures que la vôtre !

Pensez canicross. Il est plus peinard pour le propriétaire de rouler à vélo tout en faisant courir son chien. Bon, c'est ma méthode, et je suis un fainéant. Ne roulez pas à vélo en tenant votre chien en laisse à la main. Au moindre écart, vous allez vous retrouver le nez sur le bitume. On vend des équipements permettant de fixer la laisse du chien à un système d'attache à l'arrière du vélo. Par expérience il faut entraîner le chien progressivement. Il doit parfaitement comprendre à droite, à gauche, stop…

Pensez au flyball. C'est une course de relais mettant en compétition deux équipes de 4 chiens (ou plus) sur des parcours parallèles. Les chiens doivent courir et sauter 4 haies séparées de 3 mètres, atteindre une boîte, pousser sur un levier, déclencher l'éjection d'une balle à 60 cm de hauteur, la capturer et la ramener au point de départ, sans la lâcher, en passant à nouveau au-dessus des haies.

Penser à faire sauter votre chien, ce qui permet de muscler les fessiers, ce qui entraîne une meilleure coaptation de la hanche, et réduit donc le développement de l'arthrose. Sauter est donc bénéfique pour les hanches, mais plus traumatique pour les membres antérieurs et, donc, à éviter pour les chiens avant 18 mois ou qui souffrent de dysplasie du coude et d'ostéochondrite disséquante des épaules. Et encore une fois pas de surentraînement en Agility.

Pensez au Dock Jumping. Il s'agit d'un concours de saut en longueur : le chien saute d'une plateforme dans l'eau. La distance sautée est mesurée depuis la fin de la plateforme jusqu'à la base de la queue du chien au moment où il tombe dans l'eau. Le record du monde actuel est de 8,80 mètres.

Pensez aux courses après des leurres. Les chiens galopent à la poursuite d'un leurre sur un circuit approprié (cynodrome).

Pensez au coursing, qui est une course en ligne droite, dans la nature. Les chiens partent dans des boîtes de départ.

Pensez au doxotraining, qui est une course en zigzag, dans la nature pour les chiens d'utilisation.

Pensez à la nage. Les chiens se débrouillent bien en milieu aquatique, et nager est une activité fatigante.

Il ne suffit pas de faire courir votre chien pour qu'il soit heureux, il lui faut des activités variées et nouvelles. Dans toutes les disciplines que l'on peut pratiquer avec un Berger Hollandais, il convient de veiller à ne pas dépasser l'endurance de son chien.

L'HYGIÈNE ET LA SANTE

Tous les bons chiens ne sont pas forcément en bonne santé. Avant tout achat, il est important de s'assurer de la qualité des reproducteurs au niveau des tares génétiques au moyen des résultats d'examens officiels et à jour, notamment des tests ADN et des radios des hanches.

La dysplasie de la hanche - dysplasie coxo-fémorale - est une affection de l'articulation entre le bassin et le fémur provoquant une usure prématurée de la tête du fémur et par conséquent des problèmes de locomotion. Un examen radiologique répondant à un protocole précis doit être effectué dès l'âge d'un an aux parents de votre futur Berger Hollandais.

La variété Poil Dur peut, elle, être touchée par la gonio-dysplasie. La goniodysplasie est une malformation congénitale du ligament pectiné de l'œil, qui se situe à la jonction entre l'iris et la cornée (angle irido-cornéen). Elle entraîne une circulation insuffisante de l'humeur aqueuse (liquide contenu dans l'œil), qui peut aboutir au développement d'un glaucome , avec une augmentation de la pression intra-oculaire.

L'AOC (Anomalie de l'Œil) est une maladie héréditaire et congénitale qui peut sous une forme grave affecter la vision. Peu répandue chez le Berger Hollandais, l'APR doit néanmoins être dépistée dès 6 semaines. Il faudra demander les résultats du dépistage à l'éleveur.

Le Berger Hollandais est un chien plutôt robuste. Il ne présente pas de problème de santé particulier, hormis, bien entendu, un risque de dysplasie de la hanche et en bien moindre mesure d'AOC et de goniodysplasie, qui concernent diverses races de tailles moyennes et grandes.

Il faudra néanmoins surveiller son alimentation, car surtout il ne doit pas être corpulent.

Le Berger Hollandais à poil court ou dur ne nécessite pas beaucoup d'entretien.

La variété à poil long, a besoin d'être entretenue plus souvent, notamment lors des mues. En période de mue, qui se produit deux fois par an, on passera à un brossage quotidien. La mue dure entre deux et trois semaines. On portera une attention particulière chez le poil long derrière les oreilles, et aux franges des membres pour ne pas laisser se former des paquets de bourre.

Pour la variété à poil dur, le standard mentionne "Le poil dur doit être épilé à la main en moyenne deux fois par an".

Le Berger Hollandais doit pouvoir se promener quotidiennement. Il a besoin de courir, de sauter et de rester actif, d'où la nécessité de lui proposer divers jeux durant les sorties. Franchissements d'obstacles et balles à rapporter lui permettent d'exploiter toute sa vivacité et d'exprimer son potentiel.

Il est recommandé de brosser le chien à un rythme régulier, surtout chez la variété à poil long qui doit être brossée quotidiennement. Le toilettage n'est pas nécessaire s'il est convenablement entretenu.

Les oreilles : vérifiez régulièrement la propreté des

oreilles de votre chien. En cas de besoin il faut les nettoyer avec une lotion adaptée (vous les trouverez chez votre vétérinaire, en pharmacie ou en animalerie) en utilisant une "lingette" ou du coton. N'utilisez jamais de coton-tige, vous pourriez blesser votre chien en cas de mouvement brusque de sa part et de toute façon vous ne feriez que tasser les saletés dans le fond du conduit.

Les yeux : nettoyez-les régulièrement avec une lotion spéciale. Tout écoulement anormal doit être immédiatement signalé à votre vétérinaire.

Les dents : surveillez attentivement l'état d'entartrage des dents. Le tartre est responsable de problèmes graves tels que le déchaussement précoce, la mauvaise haleine, les abcès dentaires.

Pendant la croissance de votre chien vérifiez régulièrement sa dentition : ses dents de lait vont tomber lorsqu'il aura environ 4 mois. Cela peut passer de façon inaperçue car il va en avaler une grosse partie. En cas de doute sur le changement de dents de votre chiot, demandez conseil à votre vétérinaire.

Les griffes : en principe elles doivent s'user régulièrement avec la marche sur sol dur.

Bain : vous pouvez baigner votre chiot 8 jours après le premier rappel de vaccins. Utilisez toujours un shampooing spécial chien (animalerie et pharmacie) et prenez soin de bien le sécher après (attention au sèche-cheveux qui peut lui brûler la peau si vous le mettez trop près), idéalement, l'eau du bain doit être tiède. N'abusez pas des bains.

Il existe un syndrome de dilatation torsion gastrique auquel vous devez faire attention. C'est le retournement de l'estomac. Il arrive si le chien se met à l'effort après avoir mangé. Je ne suis pas un fan de la nourriture en fin de journée, avant de dormir. Mais c'est une solution.

Je nourris mes chiens, en début de matinée et j'attends la digestion.

Pensez à administrer un traitement anti-puces et tiques

pendant les saisons chaudes ainsi qu'un vermifuge deux fois par an et ne pas oublier la visite annuelle chez le vétérinaire pour son rappel de vaccin.

Attention le carnet de santé et le suivi médical sont obligatoires. En fonction des régions et des risques votre vétérinaire vous conseillera, d'autres vaccins peuvent s'avérer nécessaires ainsi que d'autres protections en fonction des régions.

Une alimentation sous forme de croquettes de bonne qualité est recommandée afin de respecter les besoins nutritionnels du chien. Si possible faites confiance à votre vétérinaire car une bonne alimentation est indispensable.

Pour prendre soin de votre chien, il faut vous équiper avec : ciseaux, pince à épiler, seringue anti-venin, coupe griffe, attelle, canne télescopique. Attention, vous n'êtes pas vétérinaires. Il est utile de prévoir quelques médicaments chez soi et en déplacement pour assurer soins et gestes de première urgence.

Il faut : des compresses, du désinfectant, du sparadrap, des bandes, du savon de Marseille, un sérum physiologique pour les yeux, une crème antibiotique pour les plaies, de l'éther pour les tiques, un pansement intestinal pour les diarrhées. Vous faites de la randonnée, vous partez sur une nationale, organisée par la SCC ou par votre club. Vous voyagez en camping-car. Vous partez dans un gîte isolé. Alors vous devez rajouter : une boîte d'antibiotiques pour éviter les allergies, un anti-vomitif, une protection contre les puces, un vermifuge, une crème contre la maladie de la gale pour les oreilles et une crème anti-aoûtats.

Vous pouvez également constituer une pharmacie médicale en cas de troubles légers ou pour prendre les premières mesures d'urgence sachant qu'il vous faut consulter pour des symptômes qui durent. Voici les produits en fonction des différentes affections.

Pour les problèmes de peau il y a les antiseptiques représentés par l'alcool, la Bétadine, l'alcool iodé, le bleu de méthylène, l'eau oxygénée, l'éther ou la solution de

Dakin. Attention, ces produits sont souvent irritants en solution pure. La dilution dépend du produit et de son utilisation ponctuelle. Le savon de Marseille est l'antiseptique le plus simple qui, utilisé correctement, est très efficace pour la désinfection des plaies diverses.

Une plaie infectée doit être savonnée, rincée à grande eau. On applique ensuite des antiseptiques, de l'alcool ou de la teinture d'iode. L'eau oxygénée est très utile pour rendre une plaie propre. Elle permet, en effet, d'ôter toutes les traces de sang. Les sprays antibiotiques s'utilisent pour éviter les infections locales.

Pour tous les autres problèmes de peau, il vous faudra un produit contre la gale à base de Lindane, un produit antimycosique pour la teigne en spray et en comprimés. Une lotion anti-inflammatoire vous permettra de lutter contre les allergies et eczémas divers.

Pour les troubles digestifs sachez que la diarrhée est fréquente chez les chiens. Il est indispensable que votre pharmacie comporte un pansement gastrique sous forme de poudre ou de gel. Un antispasmodique pour lutter contre les mouvements de l'intestin. Un antibiotique agissant sur les germes digestifs. Pour la constipation, de l'huile de paraffine sera parfaite.

Pour les infections les antibiotiques sont obligatoires pour pallier toute infection. Attention, une ordonnance doit toujours les accompagner. Concertez-vous avec votre vétérinaire en lui expliquant que vous vous déplacez souvent même le week-end et qu'il n'est pas aisé de trouver des urgences pour chien un dimanche après-midi à Aubigny-sur-Nère par exemple.

Vous déterminerez avec votre vétérinaire la liste d'antibiotiques en fonction de votre chien.

Il est essentiel de choisir un bon élevage, qui évite les croisements consanguins et pratique une sélection rigoureuse des reproducteurs et qui vous fournira les conclusions des radios des hanches des reproducteurs.

À TABLE

Comme tous les grands sportifs, le chien a besoin d'une alimentation adaptée. En période d'entraînement et de concours, le chien doit bénéficier d'apports plus importants en protéines et en glucides. Les premières permettent de fournir des efforts importants, les secondes favorisent la pratique de l'exercice sur la durée.

En dehors des périodes d'activité, le chien peut être nourri avec une alimentation industrielle, sèche ou humide. Un grand bol d'eau fraîche doit rester en permanence à sa disposition.

Son alimentation devra être de bonne qualité, hautement digestible et distribuée si possible en deux fractions. Comme tous les grands chiens, le Berger Hollandais peut être sujet aux torsions-dilatations d'estomac, il faut donc éviter les rations trop importantes et les efforts ou coup de stress juste avant ou après un repas.

Pour le chien de travail, il faudra porter une attention particulière à ses articulations. Un bon échauffement est indispensable avant la pratique d'un sport. Volontaire et énergique, il a du mal à s'économiser lui-même, il faut donc le faire à sa place. C'est d'autant plus important durant sa croissance où il faudra éviter les excès d'activités.

Privilégié la qualité de nourriture c'est profiter d'un chien en bonne santé.

Vous devez nourrir votre chiot au début 2 fois par jour. Si le repas n'est pas consommé en vingt minutes, retirer la gamelle et refuser le grignotage entre les repas.

Ne tolérez jamais le museau du chien à hauteur de votre assiette (hygiène) ni le vol de nourriture sur la table : sanctionner si on prend le chien sur le fait en lui parlant sur un ton ferme « NON ».

Beaucoup de chiens manifestent des problèmes récurrents d'embonpoint. Il est essentiel d'adapter un régime alimentaire aux habitudes de vie. J'ai quatre chiens et j'avoue que j'ai quatre types de croquettes et deux fois semaines je donne du frais maison. Mais cela est personnel.

L'alimentation industrielle met à la disposition des possesseurs de chiens des spécialités adaptées au poids, à la taille et à l'âge du chien. Elle propose également des aliments correspondant au niveau d'activité physique de chaque chien et à son état de santé.

La ration du chien doit être distribuée aux mêmes heures et au même endroit en le faisant manger seul dans un lieu isolé et calme de la maison, et toujours après ses maîtres.

L'eau est très importante, elle doit toujours être disponible. En cas de consommation excessive il faut consulter son vétérinaire.

Il existe principalement trois types d'alimentations, l'alimentation industrielle sèche, l'alimentation industrielle humide et l'alimentation "maison". Nous allons vous décrire ces alimentations en exposant leurs avantages et leurs faiblesses.

Sachez toutefois qu'il n'est pas recommandé de changer brutalement la nourriture d'un chien.

Il est convenu de l'habituer sous une période de 8 jours en mélangeant les deux types d'aliments.

On appelle alimentation industrielle sèche, l'alimentation à base de croquettes. La croquette est une boulette de pâte, de riz, de viande, de poisson, de légumes et de frite. C'est un aliment déshydraté qui demande une consommation d'eau importante. Il existe des croquettes pour tous les types de chiens selon leur morphologie. Au dos du paquet vous trouverez la ration à donner quotidiennement à votre chien. Les besoins quotidiens nécessaires à un chien adulte en activité sont totalement apportés par les croquettes. Elles garantissent une alimentation saine et équilibrée au chien en fournissant des nutriments préparés par des nutritionnistes vétérinaires et des spécialistes de l'alimentation canine.

Certains chiens n'apprécient pas les croquettes et refusent de les manger car ils ne les trouvent pas appétissantes. Si votre chien a goûté à un autre type d'aliments, il est possible qu'il délaisse sa gamelle en réclamant sa nourriture favorite. Vous pouvez mélanger les croquettes à de la viande ou les compléter par des aliments industriels humides afin de leur donner meilleur goût.

Les croquettes sont également un moyen important de lutter contre le dépôt de tartre grâce à leur effet abrasif. Les croquettes sont recommandées par les éleveurs et les vétérinaires.

L'alimentation à base de viande crue BARF signifie en anglais "Biologically Appropriate Raw Food" ce qui veut dire en français "Nourriture crue biologiquement appropriée". Le régime alimentaire BARF est une approche naturelle de l'alimentation du chien. Dans cette optique, le choix des aliments s'appuie sur le respect de la physiologie propre à l'animal. Le chien étant un carnivore, il convient de lui proposer une alimentation de carnivore, à base majoritairement de viande, d'os crus et d'abats. Ce type d'alimentation s'appuie notamment sur l'idée que les choix alimentaires des animaux sauvages sont guidés par leurs besoins biologiques. Dans la nature, les animaux choisissent instinctivement le régime le mieux adapté à leur métabolisme, choix que les animaux domestiques carnivores n'ont plus la possibilité de faire, tout simplement parce que c'est l'être humain qui subvient à leurs besoins quotidiens.

On appelle alimentation industrielle humide, la nourriture fournie dans les "boîtes" achetées dans les grandes surfaces. Les besoins quotidiens nécessaires à un chien adulte en activité sont totalement apportés par ce type d'alimentation. La garniture des boîtes est réalisée par des spécialistes de la nutrition canine qui garantissent grâce à leur produit une alimentation saine et équilibrée pour le chien. Les boites doivent être maintenues au froid sous peine d'intoxication alimentaire Le prix de revient des boites est deux fois plus élevé que les croquettes

On appelle alimentation "maison", l'alimentation réalisée par vos soins. Il est indispensable de fournir au chien des aliments frais et de qualité. En dépit de l'amour des maîtres porté à leur bête, bien fréquemment la nourriture préparée est carencée en minéraux et vitamines. À l'inverse des croquettes et des boîtes, la quantité fournie est un réel problème car souvent le propriétaire verse une quantité approximative changeante d'un jour à l'autre ce qui est source d'obésité.

Les animaux comme les hommes ont besoin d'une alimentation équilibrée et saine afin d'être en bonne santé. Contrairement à ce qu'il est fréquemment pensé, ce type d'alimentation est plus coûteux que l'alimentation industrielle et nécessite une attention particulière.

Pourquoi certains chiens se montrent-ils si difficiles, boudant la nourriture que leur maître leur présente alors que d'autres avalent tout d'un simple coup de langue ? Tout comme chez les humains, nous trouvons de gros et de petits mangeurs chez nos compagnons à quatre pattes. Il semble que l'attrait face à la nourriture soit, en partie tout au moins, sous influence génétique. On sait également qu'au moment du sevrage et jusqu'à la fin du troisième mois, il existe une phase sensible au cours de laquelle les chiots subissent toutes sortes d'influences et apprennent notamment à sélectionner dans leur environnement ce qui est comestible.

Un tel conditionnement évite à l'animal d'ingérer des choses qui pourraient lui être nuisibles. Ce phénomène peut expliquer qu'un chien refuse une nourriture qu'il n'a pas eu le loisir de goûter dans son jeune âge

En conclusion, les croquettes sont à préférer aux aliments humides et à une ration que vous pourriez cuisiner vous-même. En effet, les aliments humides présentent de nombreux désavantages, notamment concernant la santé dentaire de votre ami. De surcroît, il est difficile de cuisiner un repas respectant parfaitement les besoins nutritionnels du chien. Les aliments ne doivent en aucun cas être distribués à volonté. Consommés sans modération, ils peuvent en effet provoquer troubles digestifs et obésité.

Il est également proscrit de donner un supplément en minéraux à un chiot qui reçoit un aliment équilibré. Cela pourrait nuire à sa santé et provoquer notamment des malformations osseuses. Enfin, il est inutile et même nuisible de varier l'alimentation de votre chiot.

Néanmoins, si un changement est nécessaire, il doit se faire progressivement sous peine de voir apparaître des troubles gastro-intestinaux

Devant un refus soudain et prolongé de nourriture je ne parle pas de comportement passager, une visite chez le vétérinaire s'impose.

Si aucune maladie n'est détectée, il faut chercher une autre cause. Le chien est un être sensible. Un changement de milieu, la perte d'un compagnon humain ou animal peuvent l'inciter à jeûner quelques jours. Je vous conseille d'accepter cette diète et ne pas paniquer. Si cela dure alors, le vétérinaire sera de nouveau consulté, et il faudra insister auprès de lui.

Certains chiens mangent des choses non comestibles comme de la terre, des pierres, du bois, du plastique, de poteries, voir des chaussettes, etc.., on a également retrouvé de tels objets dans les estomacs des loups italiens du début du XXe siècle.

Ce comportement, appelé Pica, semble être influencé par la génétique puisqu'on le retrouve plus spécifiquement dans certaines lignées que dans d'autres. Il n'y a pas de déficit nutritionnel chez ces sujets.

Le chien peut agir ainsi pour diverses raisons : par ennui, car il vit mal un changement, car il est en deuil. Mais souvent aussi pour attirer l'attention de ses maîtres.

Si votre chien ingère des crottes, celles d'autres chiens ou celles d'autres espèces animales, c'est parce que, pour lui, elles sont appétissantes ; c'est notamment le cas si elles contiennent de la nourriture non correctement digérée. Dire seulement « NON » fermement.

Concernant l'ingestion de ses propres crottes, malheureusement il peut s'agir d'un chien ayant été sévèrement puni pour les avoir faites dans un lieu inapproprié. Et quelqu'un a oublié la règle de base du chapitre éducation sur le sujet « faite comme si de rien n'était ».

Comment leur faire passer de si vilaines habitudes ? Saupoudrer ce qu'il a l'habitude d'ingérer d'une substance forte (par exemple du paprika). Détourner son attention en jetant une bouteille avec des cailloux ou en faisant du bruit, et surtout récompenser s'il laisse.

Mais, si votre chien ronge des bouts de bois et ingère ainsi des fibres pas forcément très digestes, çà ne mérite même pas d'y faire attention !

En ce qui concerne l'obésité, diverses enquêtes approfondies montrent que dans un grand nombre de cas, elle va de pair avec de mauvaises habitudes alimentaires et de la nourriture de mauvaise qualité.

Le chien obèse ne doit pas être anthropomorphisé : pas de sentiments humains. On diminue les quantités, on passe en croquettes pour chien obèse, on fait plus de sport. Éventuellement on associe des diètes.

Le plaisir de manger, est lié à une perception subjective et personnelle des saveurs des aliments. Le goût a pour siège les papilles gustatives, petites saillies se trouvant dans la région postérieure de la langue et contenant des cellules sensorielles. Ces dernières réagissent à différentes substances chimiques et transmettent les informations reçues à des neurones reliés à l'encéphale. Les papilles gustatives se trouvent en moins grand nombre chez les chiens que chez les humains (environ 2 000 chez les premiers contre 10 000 chez les seconds). Bien qu'elles puissent différencier les substances sucrées, salées, acides et amères, elles le font aussi d'une manière beaucoup moins précise. De ce fait, nos chiens sont nettement moins gourmets que nous.

L'odorat est associé si étroitement au goût qu'il est difficile de savoir lequel des deux primes quand il s'agit de préférence alimentaire, une bonne odeur de cuisson nous donne déjà faim !

En ce qui concerne, nos chiens préférés la différenciation est d'autant plus difficile à faire que ceux-ci ont une sensibilité olfactive nettement plus fine que nous (vis-à-vis des chiens, nous sommes, pauvres humains, des handicapés de l'odorat).

Différentes recherches ont néanmoins permis d'en savoir un peu plus : si pour les chiens l'odorat semble primordial pour la détection de la nourriture, l'odeur dégagée n'est pas le seul critère de choix, la texture et le goût de cette dernière y jouent également un rôle non négligeable.

Notre chien peut être nourri par une nourriture sentant la viande mais n'en contenant pas, ou un mixte au trois-quarts légumes et un quart de viande.

Vous croyez qu'il va vite se rendre compte de son erreur ! Essayé. Pour moi cela marche, avec mes croquettes bios.

LA VIEILLESSE DU CHIEN

Avoir un chien c'est être attentif aux signaux qu'il vous envoie. Graduellement moins beau, moins actif, moins présent, l'animal âgé est plus fragile qu'un jeune adulte et doit donc faire l'objet d'observations et d'attentions toutes particulières.

Le regarder vivre et se déplacer, le palper, noter tout changement pour reconnaître ses déficiences progressives, aide à vite déceler l'apparition d'une maladie liée au vieillissement.

L'allongement du temps de repos et de sommeil, est normal, et ne devra donc pas être une inquiétude.

Mais lentement l'animal peut venir à souffrir dans sa locomotion, s'essouffler, mal entendre ou mal voir.

Le cerveau, organe est concerné par le vieillissement. Son inévitable dégénérescence entraîne et accompagne progressivement des troubles de l'humeur et du comportement.

Les signes du 3e âge se voient donc sur le plan physique, psychologique et comportemental.

Un nouveau compagnon lui serait-il profitable ? Il vaut mieux s'abstenir d'amener « dans les pattes » d'un chien ou d'un chat senior, un chiot turbulent par nature, qui risque de le bousculer et l'épuiser avec sa vitalité débordante et ses mordillements.

Mais, et c'est mon expérience, si l'on introduit un jeune animal dans le groupe familial en début de phase senior quand le chien est encore bien actif, alors c'est bénéfique pour les deux.

Le jeunot va faire maints apprentissages par imitation avec son « vieux copain » mais les mauvaises habitudes et les bonnes habitudes seront transmises.

Stimulés, mes chiens seniors ont toujours retrouvé une seconde jeunesse, mais j'ai veillé au grain, en étant juste.

Votre chien ne passe plus son temps qu'à dormir et semble devenir comme plus « mécanique », à n'être plus intéressé que par sa gamelle et l'heure des sorties il faudra devenir encore plus indulgent pour l'accompagner jusqu'à sa fin. Maintenir son vieil animal en vie dans le confort jusqu'à sa mort, c'est formidable. C'est cela être un maître responsable.

Mes vieux chiens se sont tous mis à déambuler et à donner l'impression de se « perdre » dans leur environnement habituel, mais j'ai toujours laissé faire, et aider mes chiens à mieux vivre leur 3e âge. Des visites régulières chez le vétérinaire, s'imposent à « l'âge mûr » sachant qu'aucun traitement ne pourra jamais rajeunir un vieil animal, mais souvent lui assurer une qualité de vie plus optimale.

Veiller à lui ménager une place de repos plus moelleuse et plus au calme, car tout en gardant le contact avec la vie de famille, l'animal a besoin de plus longues périodes de sommeil. Sans le reléguer, il faut le protéger notamment de l'agitation.

La perte d'appétit ou au contraire la boulimie, l'incontinence nocturne, des constipations en alternance avec des diarrhées sont autant de points de repère de l'affaiblissement des fonctions vitales de l'organisme de l'animal. À ce stade, il fait échanger avec le vétérinaire.

Eh ! Oui, ils vieillissent ! ils ont alors besoin de nous. Soyons présents. Aidons-les. Alors je vais vous donner des trucs :

Par temps doux, un brossage précautionneux adapté une fois encore aux raideurs, douleurs, ou imperfections de la peau, est bénéfique. Il permet la surveillance de grosseurs, de présence de parasites nuisibles, etc. tout en maintenant le contact corporel et la tendre complicité avec un animal, que ses facultés sensorielles diminuées isolent un peu, toujours pour les raideurs douloureuses, alors attention à l'essayage des pattes sales.

Maintenez une activité modérée avec votre vieux chien, et pas de « retraite brutale » à celui qui sortait avec son maître sous prétexte qu'il n'est plus performant.

Veiller plus souvent au niveau d'eau de la gamelle d'un animal dont la soif est augmentée (sans chercher à réduire sa consommation, sous prétexte de mictions plus fréquentes).

Certains facteurs influent sur la longévité de nos chiens. Le code génétique bien sûr, mais spécialement tout le soin que l'on a pris d'eux dès leur jeune âge, pour leur assurer une bonne condition physique et psychique (l'une n'allant pas sans l'autre).

LA SEXUALITÉ DU CHIEN

La maturité sexuelle du chien se produit autour du septième mois chez le mâle, et entre sept et dix mois chez la femelle. Par contre, le chien peut manifester des désirs sexuels dès l'âge de sept semaines, sous forme de jeux où l'accouplement est simulé. La femelle connaît des périodes de chaleurs ou œstraux, en général, tous les six mois. Il arrive que cet intervalle varie entre 4 et 8 mois. Ces périodes se produisent au printemps et à l'automne ; elles correspondent à l'ovulation et dure de 15 à 20 jours. La fécondation peut se produire entre le septième et le quatorzième jour. L'urine contient alors des phérormones qui attirent les mâles. La chienne a des segments généralement appelés menstruations, bien que le terme exact soit diapédèse. Il s'agit de globules rouges qui traversent la paroi. Si un mâle montre de l'intérêt, la chienne fera savoir son contentement en plaçant sa queue de côté, pour présenter son vagin.

Lors de copulation, un bulbe sur le pénis du chien se gorgera de sang. Le chien ne pourra se séparer de la femelle tant qu'il ne se désengorgera pas, cela peut prendre de 15 à 20 minutes. Attention, il est très important de ne pas tenter de séparation sous aucun prétexte cela risquerait de déchirer le vagin de la femelle.

Si vous voulez faire s'accoupler deux chiens, il est préférable d'emmener la femelle chez le mâle car ce dernier peut refuser de copuler en territoire inconnu ou s'il a peur. Il est à noter que le mâle est le seul à posséder un os dans le pénis, appeler os pénien. Il arrive qu'il y ait des cas d'homosexualité chez le mâle. Ce comportement est dû à une frustration sexuelle. Cette frustration peut provoquer de l'agressivité et des fugues. Chez la femelle, les fugues sont un peu plus rares, mais elle peut devenir surexcitée.

De nombreuses personnes ont aujourd'hui encore du mal à prendre la décision de faire stériliser leur chienne. Pourtant, si vous ne désirez pas faire un élevage, c'est la meilleure solution pour éviter à votre animal de nombreux problèmes de santé.

Il ne faut pas considérer la stérilisation comme une mutilation qui rendra votre animal malheureux. Il faut savoir que le comportement d'une chienne dépend surtout de son instinct et de ses hormones. Les chaleurs apparaissent environ deux fois par an, et durent en général 3 semaines. Hormis ces deux périodes de l'année, sachez que votre chienne n'a nulle envie de se reproduire et, contrairement aux idées reçues, elle n'a pas besoin d'avoir été au moins une fois en relation avec un mâle pour être équilibrée.

Il faut savoir que la contraception par piqûres ou par comprimés n'est pas la solution optimale, mais est une bonne approche.

Le traitement va supprimer les chaleurs mais n'aura aucun effet sur les autres problèmes hormonaux, dus à la présence des ovaires, et qui peuvent entraîner parfois des maladies. Mais dans la nature la louve n'est pas stérilisée. Pour moi le problème est surtout de ne pas faire l'apprenti éleveur.

La stérilisation chirurgicale a pour but l'ablation des ovaires, avec ou sans l'utérus. Cette opération est très commune et pratiquée par tous les vétérinaires. Certains vétérinaires conseillent de faire stériliser la chienne entre les premières et deuxièmes chaleurs. Chez les Staff entre quinze et dix-huit mois, c'est bien, mais prenez conseil auprès de votre vétérinaire.

Vous pouvez également opter pour la ligature des trompes. Mais sachez que cette intervention ne supprime pas les chaleurs. Votre chienne ne pourra simplement pas avoir de petits.

La stérilisation augmente les risques de prise de poids. Il est très important de surveiller l'alimentation de la chienne pendant les 3 mois qui suivent l'opération et de lui faire faire de l'exercice. Sachez enfin qu'une chienne stérilisée aurait tendance à vivre plus longtemps qu'une chienne entière car elle aurait moins de risques potentiels de santé. Je ne sais pas, discutez-en avec votre vétérinaire et prenez plusieurs avis.

Aujourd'hui encore, de nombreuses personnes ne veulent pas castrer leur chien, par crainte que l'animal soit malheureux. Il faut savoir que le comportement du chien dépend surtout de son instinct et de ses hormones, et qu'il ne sera pas malheureux s'il est castré. S'il n'est jamais en présence d'une femelle en chaleur, un chien n'éprouvera pas le besoin de se reproduire. Ainsi, la castration, contrairement aux idées reçues, ne vient pas perturber l'équilibre général d'un chien.

La situation est au contraire plus compliquée s'il est stimulé par la présence de femelles, mais qu'il n'y a pas de contact physique. Le chien sera alors surexcité et il faudra avoir recours à un traitement hormonal pour le calmer. De plus, sachez que les risques pour la santé de votre animal seraient plus nombreux s'il n'est pas castré. Mais dans la nature le loup n'est pas castré.

La castration se fait vers l'âge de 10 ou 12 mois, avant la puberté.

Les problèmes de santé rencontrés chez les chiens non castrés seraient essentiellement concentrés autour des testicules et de la prostate :

Un chien non castré devient fugueur en période de chaleurs et souvent surexcité. En présence d'une femelle en chaleur, il n'écoutera que son instinct sexuel et ignorera vos rappels à l'ordre. Il faut donc en être averti, et au moins utiliser la castration médicamenteuse en étant prévenant dans les deux périodes à risque.

La vasectomie est une ligature des canaux spermatique le chien reste capable de saillir.

À titre personnel, je suis surpris du discours des comportementalistes canins qui sont en même temps vétérinaires et prônent la satisfaction des besoins primaires du chien mais veulent la contraception irréversible. Avouons que l'acte chirurgical qui rapporte entre 200 et 300 euros reste la contraception.

À titre personnel je pratique la contraception réversible avec mes chiens et une veille attentive lors des moments du Printemps et l'automne.

Pour mes femelles. La stérilisation temporaire e et réversible fait appel à des hormones de synthèse empêchant la survenue de l'ovulation mais aussi des chaleurs. Les molécules utilisées sont en général des dérivés de synthèse de la progestérone (progestagènes ou progestatifs). Il faut les utiliser en anoestrus, pour retarder l'apparition de l'oestrus ou en début de pro oestrus, pour interrompre les chaleurs. Les progestagènes exercent une action hormonale qui va aboutir au blocage de la maturation des follicules et de l'ovulation. L'emploi de progestatifs étant accompagné d'un certain nombre de complications, il conviendra, avant de les utiliser pour la contraception, d'avoir une bonne connaissance du cycle oestral de la chienne, et de faire réaliser examen médical préliminaire par un vétérinaire pour détecter une pathologie qui constitue une contre-indication à l'utilisation de ces molécules. Il conviendra d'être prudent quant à l'utilisation des progestatifs surtout chez les lévriers.

Pour mes mâles je recours à la castration chimique avec implant de Desloreline sous le nom de Suprelorin. Ce dernier libère des hormones en continue qui castrent chimiquement le chien pendant environ 12 mois. La stérilité est effective dans les 4 à 6 semaines après l'implantation. Les effets sont complètement réversibles L'implant s'injecte sous la peau sans anesthésie générale et ne gêne en aucun cas l'animal. Plusieurs implants peuvent être injectés à la suite.

Je ne suis pas vétérinaire, donc j'invite le lecteur à comprendre que je partage mon expérience. Il faut lire, s'instruire, échanger sur ce sujet, car une contraception définitive est un choix important.

Je précise enfin que j'ai des chiens sélectionnés, qui sont LOF, qui ont passé le TAT avec mention excellent, qui sont entraînés aux sports canins en RCI et qui concourent en classe beauté deux à trois pas an.

Je ne fais pas d'élevage, mais j'accepte en fonction des femelles ou mâles qui me sont indiquées des reproductions. Seulement cela m'impose de faire les radiographies et les tests ADN. Je trouve dommage si les chiens sont magnifiques, en conformité au standard, et équilibrés psychiquement, de ne pas participer au maintien de la race. Mais si vous ne souhaitez pas vous pliez aux contraintes médicales imposées aux reproducteurs, alors choisissez la contraception définitive.

Mais de grâce que les théoriciens arrêtent de dire des contre-vérités. Les fugues, les bagarres entre mâles, les comportements de domination, le marquage, se gèrent très bien par l'éducation et par une attention soutenue en période de chasse des femelles.

Disons la vérité il y a d'autres raisons que celles évoquées, comme les trafics, la concurrence entre particuliers et professionnels, l'intérêt économique des vétérinaires, l'absence de suivi et l'augmentation de la bâtardise.

L'élevage est un métier, il est réglementé et protégé. La

majorité des éleveurs sont d'excellents professionnels. Sachez que des éleveurs placent des chiens dans des familles sélectionnées, pour un usage de reproduction en contrepartie de la gratuité du chien. Sachez que la consanguinité doit être maîtrisée, et que le brassage entre lignées est absolument nécessaire pour éviter les tares génétiques. Des particuliers avertis avec des chiens sélectionnés qui travaillent avec des éleveurs, c'est une bonne chose. La reproduction sauvage est un vrai fléau.

UN ÉLEVEUR SÉRIEUX

L'éleveur propose des reproductrices et reproducteurs de hautes lignées et vous communique leur notation en concours de nationale d'élevage.

Avant la première maternité, il a fait radiographier les hanches des reproducteurs et fait coter les clichés par la commission du club de race, qui délivrera un certificat officiel de cotation que l'éleveur vous photocopiera.

Un test ADN des reproducteurs a été réalisé, avec recherche des tares oculaires sur les reproducteurs.

L'éleveur doit vous remettre les copies de ces certificats. S'il ne peut pas vous les présenter, il n'est pas prudent de concrétiser votre achat chez cet éleveur. Désolé.

Vous n'êtes pas sûrs d'acquérir un chien en bonne santé, ne prenez aucun risque.

Demandez à l'éleveur de vous laisser avec le chiot qui vous intéresse et faite le test de Campbell.

L'âge idéal pour l'achat d'un chiot se situe entre 8 et 9 semaines. Il a sa puce et a reçu une primo-vaccination pour les 3 maladies garanties par la loi : Maladie de Carré, Parvovirose et Hépatite.

Vérifiez vos documents : Attestation de vente. Vous pouvez y faire ajouter des précisions (testicules biens en place pour un mâle et dentition correcte). Carnet de vaccination avec les timbres des premières injections et les dates des premières vermifugeassions. Certificat de naissance : en fait ce document vous sera envoyé 2 ou 3 semaines plus tard par l'éleveur qui le reçoit lui-même de la SCC dans des délais variables. En attendant, vous pouvez demander à l'éleveur d'inscrire sur l'attestation de vente le n° du dossier figurant en haut et à droite des documents qu'il a reçu de la SCC.

Dossier d'identification puce et/ou tatouage.

Certificats de dépistages de la dysplasie de la hanche.

Un sachet des croquettes utilisées par l'éleveur.

Un guide sur la race, comme celui-ci. C'est d'ailleurs peut-être celui que vous lisez, car plusieurs éleveurs me font l'immense honneur de mettre l'un de mes guides dans leur package. Je les remercie.

N'oubliez pas de faire faire le vaccin de la rage à partir de 4 mois et un rappel chaque année.

Le code de la propriété intellectuelle n'autorisant, aux termes de l'article L. 122 — 5, 2 ° et 3 ° a, d'une part, que les « copies ou reproductions strictement réservées à l'usage privé du copiste et non destinées à son utilisation collective » et, d'autre part, que les analyses et les courtes citations dans un but d'exemple et d'illustration, « toute représentation ou reproduction intégrale ou partielle faite sans le consentement de l'auteur ou des ayants droit ou ayant cause est illicite » (art. L. 122-4). Cette représentation ou reproduction, par quelque procédé que ce soit, constituerait donc une contrefaçon sanctionnée par les articles L. 335-2 et suivant du Code de la propriété intellectuelle.

Le droit d'auteur français est le droit des créateurs. Le principe de la protection du droit d'auteur est posé par l'article L. 111-1 du code de la propriété intellectuelle (CPI) qui dispose que « l'auteur d'une œuvre de l'esprit jouit sur cette œuvre, du seul fait de sa création, d'un droit de propriété incorporelle exclusif et opposable à tous. Ce droit comporte des attributs d'ordre intellectuel et moral ainsi que des attributs d'ordre patrimonial ».

INFORMATION

Ce guide permet de découvrir le Berger Hollandais, mais aussi, car je connais ce moment délicat, à vous conseiller lors de l'arrivée de votre chiot. Tout se joue dans les premières semaines.

L'éducation, est une étape clé pour votre Berger Hollandais et vous, j'ai souhaité vous présenter ma méthode d'éducation.

Pour rester dans un prix accessible à tous, ce guide n'est pas illustré, mais vous trouverez des photos sur mon site http://chien.revolublog.com.

Fin